PASTORALE

ET

TRAGI-COMEDIE

DE JANIN:

REPRESENTE'E DANS LA VILLE DE GRENOBLE.

Dediée à Monſ. le Preſident de Pourroy.

Par J. MILLET.

Derniere Edition, revûë & corrigée par l'Auteur.

A LYON,

Chez Loüis Servant, ruë des quatre Chapeaux, à l'Enseigne de S. Louis.

M. DC. XCII.

A MONSEIGNEVR,

MONSEIGNEUR MESSIRE SEBASTIEN DE POURROY,

Chevalier , Conseiller du Roy en ses Conseils d'Etat & Privé , & President en sa Cour de Parlement de Dauphiné.

MONSEIGNEVR,

Ces Bergers, dans le dessein qu'ils ont fait de rendre leurs avantures connuës de tous ceux de cette Province , & même encore plus loin, ont creu que vostre protection leur est tellement necessaire, que sans elle ils ne peuvent l'entreprendre qu'avec temerité. Leur naissance basse, leur vie chetive, leurs exercices rudes , & leur entretien grossier vous pourrojent empêcher d'en faire quelque estat; si par l'éminente qualité que vous possedez dignement dans le Temple de la Justice, vous n'étiez porté à départir vostre faveur, particulierement à la foiblesse de ceux de cette condition : Et si l'inclination naturelle que vous avez à la douce passion , qui les fait aigr , ne vous émouvoit à les assister : Outre que tels que vous les voyez ils se promettent (sous vostre autorité) inspiré de la Muse Grenobloise, de representer toutes les gentillesses de ce tems.

C'est pour ce sujet, Monseigneur, qu'ils vous ont offert les premiers soupirs de leur amour , afin que d'un costé estant à couvert sous vostre nom , de l'autre ils vous puissant assurer que leur Auteur ne desire que de s'acquerir le titre de

MONSEIGNEUR,

Vostre tres-humble & tres-obeissant serviteur,

J. MILLET.

A MONDIT SEIGNEVR.
SONNET.

PAre du bon meina, à qui je recommando
Lo motet de Traclouwa,& tou sou compagnon,
Marchié à vostron ombra,ou cuvró mou rognon
De vostra coiffi , eyet tout ce que je demando,
Ne refusa pa ren le flou que je vo mando.
Inco qu'elle ne sont fille du ven mignon.
Mais puisque lo brut court d'ici en Avignon,
Que ma Musa per vo fat ce que je commando ;
Faites-en un bouquet à tou vostrouz ami,
Et je prieray Dieu que vostrouz ennemi
Devenon rebuti comme soular de mougi :
Que vo pizi longtem lez eypicie u mortié,
Et que chacun aprés vostra grand rauba rougi
Coreize comme dindo à l'honou du meytié.

J. MILLET.

A L'AVTEVR.
SONNET.

TOy qui remets sur pied la Muse Grenobloise,
Plus belle que du tems de ce banquet fameux,
Auquel les invitez s'estimerent heureux
De manger des crezets cuits à la Villageoise.
Ou du tems du caquet qu'une troupe Bourgeoise
Fit chez une accouchée, où, lors d'un cœur joyeux
Chaque femme parla de ce qu'elle aimoit mieux,
Et des subtils moyens de paroitre courtoise.
Toy (dis je) dont les vers en leur naisveté
Representent si bien ce que peut la beauté
D'une jeuue bergere eslevée au village :

A iij

Rèçois le verd laurier qui doit servir de pris,
Au plus riche travail de tous les bons esprits
Qu'ont jamais vécu & vivent en nostr'âge.

S. D. P.

A LVY-MESME.
QUATRAIN.

Millet en nostre langue on ne peut mieux écrire
Que ce que tu as fait, & tes Vers ravissans
Ont tellement charmé mon esprit & mes sens,
Que plus je les relis, & plus je les admire.

S. D. P.

A LVY-MESME.
HUITAIN.

Millet, faut pa menti, dedin ta Pastorella
Ayan fat deveni la Lhauda Dameisella,
Tu fa teni le fille ore pe lou cinq sou,
Car chacuna se cret avey autant de graci,
Et d'estre autant que ley, & d'aussi bonna raci,
Per fare qu'un Monsieu en devene amoirou ;
Si ben que lou meyna sont forcia u villageo,
V lieu de folata d'être toujour ben sageo.

S. D. P.

A LVY-MESME.
QUATRAIN.

Millet lisan tou Ver, j'ai prei un grand plaisi :
Assi j'avin toujour eu envey de lou lire,
Car tan mey je lou liso eyplet, ou à leisi,
Tan mey j'uvro le lore, & m'eyclatto de rire.

S. D. P.

A LVY-MESME.
STANCES.

MAntoüe vante son Virgile,
Comme Paris son Theophile,
Et Homere tout l'Univers.
On dit qu'il n'y eut jamais homme,
Plus expert qu'Ovide dans Rome,
Pour sçavoir faire des beaux Vers.

Millet lisant ta Pastorelle,
Je trouve ta Muse plus belle,
Que celle de ceux que j'ay dit :
Au langage des Allobroges,
Tu merites tous leurs éloges,
Et parmi nous plus de credit.

V. H.

A LVY-MESME.
SONNET.

MUses Grecque, Latine, Toscane & Françoise,
Qui par la Comedie acquerez du renom :
Voicy le tems venu qu'il faut que vostre nom
Humble, cede à celuy de nostre Grenobloise.

Comme le Rossignol plus doucement dégoise,
Que le Chardonneret, le Linot, le Pinson,
Sur un verd arbrisseau son aimable chanson,
Racontant aux Forests son amour & son aise.

Aussi lorsque Millet luy fait dire les feux,
Qui consument les cœurs des Bergers amoureux ;
La veine de ses Vers est si claire & si pure,

Que ce qui est en vous de plus docte & subtil,
Ne sçauroit égaler ce qu'elle a de gentil :
Ainsi que l'art ne peut égaler la nature.

C. D. R.

A iiij

A LVI-MESME.
DIXAIN.

GRenoblo, ne fay pa inco tan de cancan,
De ceu qu'at deiroba la graci de Racan.
Le fene, louz efan , tout jusqu'à le muraille
Presche , qu'u mondo gnat personna que lo vaille
Et prou bartavela, qu'eyzi te soulamen,
Comma din un chastel d'amour & de plaisanci
La chair de la perdry n'ét qu'un po de pidanci,
Ceteu petit sourpi d'un amoirou jailliet
V pri de ce qu'u scat n'ét qu'un gran de millet.

C. L. L.

Sur la Bergerie du Sieur Millet.
DIXAIN.

MIllet les divertissemens
De ta follastre Poësië
Portent dans des ravissemens
Si doux à nostre fantaisie,
　　Qu'aprés avoir oüi tes Vers,
　　Et veu les meslanges divers,
Dont tu pares ta scene avec tant de merveilles,
Nos sens d'aize ravis doutent quel vaut le mieux,
　　Ou le plaisir de nos oreilles
　　Ou le contentement, qu'en reçoivent nos yeux.

B. F. B.

Au mesme, sur la Dedicace de sa Bergerie.
SIXAIN.

DEdans le desespoir , où ton berger se jette,
Millet tu dois cherir son mal & sa défaite,
Puisque l'on voit qu'aprés son amoureux transport
Il révit plus heureux , par le soin debonnaire

De ton Dieu tutelaire,
Qui sauve ses amours , & tes Vers de la mort.

B. F. B.

IN EVNDEM.
EPIGRAMMA.

IN Cassum renuit latiis dare præmia linguæ
   Græcia , vel graijs tradere Roma manus:
Nec non hesperiis vult tollere Gallia palmam :
   Milleti comico carmine cuncta silent.
Nam si depromat vernacula carmine linguæ
   Allobrogum , est cunctis protinus illa lepos.

F. M.

ARGVMENT.

PIERO & Thievena mariez, villageois, voisins de
Grenoble, ont une fille nommée Lhauda bergere,
dont la beauté acompagnée des graces, contraint les
cœurs les plus glacez à soupirer, & particulierement
celuy de Janin le berger; dés leur enfance leur amitié
se trouve reciproque. Mais l'indiscretion de ce Berger ruine dans un moment l'esperance de leur mariage, parce qu'avant icelui il lui demande ce que l'hô-
neur de la Bergere ne luy peut accorder, dequoy of-
fencée elle le fuit, & son dépit n'est pas si-tôt con-
çû, qu'il arrive que deux gentilshommes, Amidor &
Floridon freres, allant à la chasse avec Thono, & Loren bergers, ils découvrent au coin d'un bois Lhauda
gardant ses agneaux, & s'imaginant d'abord que c'est
Diane déguisée en Bergere , ils desirent l'approcher
pour lui rendre hommage, mais à leur approche elle
s'enfuit; ce que voïant Amidor s'informe d'elle envers
ces bergers , qui lui asseurent que c'est une Bergere

A v

leur voiſine capable d'eſtre aimée, dont Amidor en-
flammé , reſout de la ſervir comme maitreſſe de ſon
cœur. Thono connoiſſant ſon envie, luy promet de
luy faire parler le lendemain matin: Ce que conclu,
ils côtinuent leur deſſein de la chaſſe, à laquelle Floridon tuë un Sanglier qui le bleſſe à la cuiſſe. Au retour de la chaſſe Amidor n'ayant dans ſon eſprit que
les idées des beautez de ſa nouvelle maitreſſe , ne
peut trouver aucun repos, & court la nuit ſur les ro-
chers, attendant le jour & l'heure aſſignée que Thono par ſon entremiſe le doit faire joüir de la preſence
de ſa Bergere : à quoy étant parvenu Amidor, aprés
pluſieurs ſermens & proteſtations de ſon amour , il
obtient d'elle la faveur de ſes bonnes graces; De ſorte
qu'avant que ſe quitter, ils ſe paſſent reciproquement
promeſſe de mariage. Ce que venant à la notice de
Ianin, il ne peut retenir ſes pleurs, ni moins les éforts
de ſa jalouſie : car à l'inſtant il delibere de proceder
aux effets de ſon juſte reſſentiment. Cependant Piero
& Thievena, pere & mere de la Bergere, avertis de la
recherche d'Amidor , entrent en diſſention , le pere
pour ſoutenir le parti de Ianin , & la mere celuy
d'Amidor, parce que comme les femmes ne demor-
dent jamais à leur opiniâtreté, elle perſiſte en ſon inclination pour Amidor , ambitieuſe des honneurs,
dont Piero irrité, menace la mere & la fille, & les fra-
pe: ſi bien que Iappetta & Pernetta leurs proches voi-
ſines y accourent, qui ſçachant le déplaiſir de Thievena, lui promettent de faire condeſcendre Piero à ſa
volonté touchant ce mariage : & pour la divertir,
noyent le ſouci dans la liqueur de Baccus avec elle,
& ſe réjoüiſſent aux dépens du public. Et Amidor

& la Bergere affligez de l'oppofition de Piero, fe
laiffent gagner au déplaifir, dont Amidor tombe
évanoüi, ce qui mût la Bergere à pitié, elle le releve,
& lui donne avis de fe déguifer en berger pour trom-
per fon pere, faifant telle propofition fort agreable à
Amidor affis deffous un arbre. Janin caché dans le
bois, les voyant, les en chaffe à coups de pierres, &
delibere de s'addreffer à une Sorciere pour ruiner
leurs amours. Cependant Piero tourmenté par ces
femmes, ne fçachant que faire pour avoir paix chez
luy, va prendre confeil de Gondran. Chacune des
parties fait tout ce qu'il peut pour avoir l'avantage.
Janin implore l'affiftance de la Sorciere. Amidor de-
guifé en berger, tâche de gagner le cœur du Pere de
la Bergere : & fa mere couvre fi bien leur ftratagême
qu'ils viennent tous à bout de leur deffein, hormis Janin, qui perd toutes fes peines. Amidor donc fiance
Lhauda au contentement de tous ces villageois, &
particulierement de Mathia tante de la Bergere : car
elle jette à tous ceux du village des poignées de dra-
gée. Les fiançailles faites, Janin avec le flajollet de la
Sorciere (lequel a la vertu de faire danfer tous ceux
qui l'entendent) joüe d'icelui par vengeance, croïant
de faire beaucoup de mal à ces Amans. Mais voyant
que fon entreprife ne peut reuffir, il fe dépite, & prepare pour leur nouer l'éguillette, lorfque le Preftre
les époufera : à quoi prevoyant les parties, ils font
en forte que les nopces & confommation du mariage s'enfuivent avec toute forte de réjouiffance, auf-
quelles Chambet ne manque fe trouver avec un pa-
nier de raviolles : & le pauvre Janin, à qui le regret
demeure, fe laiffe tranfporter au defefpoir, & fe pre-
cipite d'un rocher en bas.

LES ACTEURS.

LA FAYE DE SASSONNAGE.

LHAUDA,	Bergere.
JAPPETTA,	Bergere.
PERNETTA,	Bergere
JANIN,	Berger amoureux de
THONO,	Berger. [Lhauda.
LOREN,	Berger.
PIERO,	Pere de Lhauda.
THIEVENA,	Mere de Lhauda.
MATHIA,	Tante de Lhauda.
AMIDOR,	Gentilhomme amoureux de Lhauda.
FLORIDON,	Frere d'Amidor.
LA SORCIERE.	
LE NOTAIRE.	
LE CUISINIER.	
CHAMBET.	

PROLOGUE DE LA FAYE
DE SASSONNAGE.

DE la Rochi Crotta où j'ai fat ma meison.
Et le tine per vey que porton le seison,
(Grenoblo renoma un jardin de pleisanci)
Ie veno t'averti de la rejoüissanci
Que font lou païsan u brut qu'on fat couri,
Que lo Cadastro n'ét que per lou secouri,
Louz unou en prenant de Baccus la tiracla,
Chanton que lou Soudar ne porton plus la racla :
Louz autro veyant tout abonda per treiz an,
Se tenon su lou flan comme lou courtizan,
Et generalement (deu que Brosse bataille
Per ellou tant qu'u pot) se moquon de le taille,
Perce que la seison en terre labourey
Et plena comm'estion me tine lou trey rey.
No no deypeu lo tem que dedin Sassonnageo
I'ay saya (vesitan le gisen u meynageo)
Louz efan avec ceu baston barricola,
L'on n'a trouva sujet de se repicola
Comm'ore que la pey porte per tout la branchi
D'olivié, comme fit una colomba blanchi
Din l'archi de Noé, car egnat que repo
Din lou cham, jusqu'u fon de boey de Bonrepo
Le Nimphe de l'Izera à qui louz yeu son troublo,
Et lou Satire qui venon du Drac lo Doublo,
S'en beison jour & not, eycoutan la voey ranci
Du rey de la Pereyri à la porta de Franci,

Ne se parle plu ren du malheur qu'ont eyta,
Lou bovié deigagea commenson de freita,
Et trop dru du bon tem, ne penson à ren fare
Que ce que voltrou pare ont fat à voltre mare,
Particulierimen Janin lo fantimou :
Car u repose moin qu'un molen quand u mou,
Sito qu'u la perdu de veua sa bergeiri
La Lhauda, qui n'ét pa à l'amour eytrangeyri.
Mais incore qu'u sont à l'amour petit bot,
Qu'on cret lourz amitié mieu fondey que Rabot,
I se deirochiron comme vieille muraille ;
Car le nopce de leu saron de funeraille.
Et ley ne penlan plu qu'u pri de sa biauta,
Prendrat l'escarlatin signo de cruauta,
Puis qu'un Gentilhomin moin sujet u Cadaltro
Qu'à l'amour, quittarat de la Cour tou louz Altro
Per ley, & se feindrat bergié per l'eipola,
Tout eyrat à la fin comme j'ai dispola :
Car j'ay faya la Lhauda à eltre Dameilella,
Et Ianin à porta la mort den sa forcella,
Perce que quand j'ali vey sa mare Gilen,
D'ordura ver chié ley je ne trovi nenlen.
E perce que fallan chié Ianin lo semblablo,
Lour maison eltiet plu paillousa qu'un cytablo,
Veiqui l'heur duz'efan devan que batteya,
Sito qu'emmalhota je louz ay pateya.
Voz autre joeyne fene à qui lo ventre confle
Du venin que l'amour donne quand chacun ronfle,
Prenez garda que quand vo lari accouchié,
Que chié vo fet li net que n'y pœillo gouchié
Eycrachat, vilani, borda, ni ren de lalo,
Autramen feimen (que je ne vo deifalo)

Prendrat vouſtrouz efan comme j'ordonnarey,
Sellon que vo fari per mi , je lour farey.
Vo ſçavez, & nengun n'ignori la puiſſanci
Que j'ay ſur louz efan lo jour de lour naiſſanci,
Celou que j'ay faya à ben, ſont ben heirou,
Et rou celou qu'u ſont à ma, ſont malheirou,
Cele qu'u ſont à fare un pot à tout'urina,
Sont de la confrari de la gran Catharina.
Et cele qui fayé ſont à la challera,
D'autro que de lour home un popel n'ont teſta,
I'ay faya Gelibert l'efan du Capiteino,
De tou lou gro vioulion legié comme futeino,
A ſçavey vioulonna mieu que ſou compagnon,
Aſſi ſon violon fat creva lou rouſſignon.
J'ay faya Roſſignon qui ſa ſerou confeſſe,
A eſtre trou de chou, ba jarret , ba de feſſe,
Et ſou frare , aſſi u ſont de marmozet.
I'ay faya Pamponin , gro migeou de crozet,
A eſtre plu ventru que n'eſtiet Briſibarra,
Aſſi u lat un biel auſſi gro qu'una barra.
I'ay faya dou marchan à adora l'argen,
Aſſi u ſont eſclavo & n'ont point d'entregen.
I'ay faya Ridelet u renom de Chaudeire,
Aſſi u fat parla de leu le buandeire.
I'a faya lo Boumien à fare lou gro rot,
Aſſi Baccus lo fat treina din ſon barrot.
I'ay faya la Catin à eſtre liberala,
Aſſi y ne refuze à perſonna ſa grala,
A prende ſou plaiſi j'ay faya la Françon,
Aſſi que qu'on diſey elhen pren du garçon.
I'ay faya l'Izabel à eſtre una gromanda,
Aſſi y mige crua la chair de recommanda.

J'ay faya à changié de jour en jour dami,
Le fille du quartié de Megar l'endormi,
Aſſi vont pratiquan d'amourette nouvelle,
Veyqui perque Beſſon contr'elle s'eycervelle.
J'ay faya à charchié perqui ley paradi
Le fille du quartié de Gerento l'hardi,
Aſſi ne povon pa choma à la Pereiti,
Inco ben que Dupon brame per la charreiri.
J'ay faya à bonheur, & pleiſi quotidien,
Le fille du quartié de Marnais lo gardien,
Aſſi dedin lour cour lo feu d'amour s'attiſe,
Puis que Piarre Michié jour & not le courtiſe.
J'ay faya à ploura lo morcel delicat,
Le fille du quartié de Bernard l'Advocat,
Aſſi de n'avey point d'home lou groin ſe moille,
Et lo petit Patron ſen rit tant qu'u l'eiboille.
J'ay faya à malheur & veuva de Darbon,
Le fille du quartié de Charancy lo bon,
Aſſi en lourz amour elle ſont malheyrouſe
Aveuglei & partia fene devant qu'eipouſe.
J'ay faya à joyé comme lou Caſcarin
Le fille du quartié du Procureur Perrin,
Aſſi font de l'amour un jeu de carabaſſa,
Et font que lourz aman prenon l'alieuta baſſa.
J'ay faya à avey lo corſageo mignon
Le fille du quartié du bravo Calignon,
Aſſi i ſont mignonne & rendon de lou tailli
Amoirou lou Segnou juſqu'à la refatailli.
J'ay faya à couri aprés lou bon meina
Le fille du quartié de Baſſet lo bien na,
Aſſi duz amoirou elle ſont follinelle,
Et lou couron aprés afin qu'on le fornelle,

J'ay

I'ay faya à ſçavey danſié & bricola
Le fille du cartié du re mi fa ço la,
Aſſi à tou lou bál couron celle caſiotté,
Se viron cey & ley, danſon comme mariotté.
I'ay faya un gro Eſleu qui porte un gro ſalar,
A fare jour & not branda lou meyſolar,
Auſſi quand u fardieta, & qu'un Medecin réve,
V minge tant de gnot & de crozet qu'u creve.
Enfin j'en ai faya ſet à ben ſet à ma,
Mille que je n'ai pa leyzi de vo nomma.
Puiſque per un vioulet où gnat piera ni crotta,
Et me faut retourna du couſtié de ma crotta
Afin d'y aſſema un banquet à mon tour
A le Faye qui ſont u rochié d'alentour.
E vo ſuffira donq que ce que je prononſo
Arrive à la façon que je voz u annonſo,
Afin que vo pœiſſi recougneutre qui gnat
Magicien, feiturié, livro ni armagnat
Qu'en ſçache tant que mi, & qu'aprés la natura
L'on veye que je ſeu meitra de l'aventura.

CHANSON.

Veicy lo Mey que tout cambade,
Comme lou Chourot & Lapin,
Et que deſſu louz Aubepin
Lo Roſſignon donne d'aubade :
Car ſen ſommeillié not ni jour
V charmele de l'amour.
❧ Lo tem ét ſi dou que tout chanta
La graci de ceſteu Printem
Et ſavore lo paſſatem
V boey où la Lhauda m'enchante :

Tout lo mondo ſur lo verdou
Se ſçat beiſié ormi nou dou.
  ¶ Tou lou izeyu en lour ramageo ,
De dou en dou & bec à bec ,
S'accordon mieu que lo rebec ,
En ſe ſempeillan lo plumageo ,
Mais la Lhauda que j'amo tan
Ne vou pas que j'en faſſe autan.
  ¶ Eilli vou pro que je la danſo
V ſon de quoque flajolet ,
Mais quand je foey lo marjolet ,
I ne vou pas que je pidanſo
Sou beiſié dou per reſpira ,
Inco que m'enten ſoupira.
  ¶ Quoque fey à la deyrobada
Ie luy en attrapo quoqu'un ,
Lou garçon (comme dit chacun)
Ne font jamey l'amour debada ;
Inco qu'un beiſié gaſconna
N'ét pas ſi dou que lou donna.
  ¶ Vau mieu s'eybaudi à la courſa
Que de demoura rebeuti ,
Ceu ét tout à fac abruti ,
Qui mort de ſey prés de la ſourſa ,
Lamay , jamay lou vergognou
En amour ne ſont grand Seignou.
  ¶ Et vau ben mieu prendre per forci
Lou beiſié , que ne beiſié pa ,
Louz hontou y perdon lour pa ,
Et comme l'abro ſen eycorcy
Devenon ſec, quand la roſa
Refuſe de louz arroſa.

¶ E faut donqua que je folageo
Mon amour de mille beifié ;
Et quand i debvriet m'eygruyfié,
I'eybrandarey fon pucelageo ;
Auffi ben lo chatel moin fort
Ne fe rend jamey qu'à l'eyfort.

ACTE PREMIER.
SCENE PREMIERE.
JANIN. LHAUDA.
JANIN.

FAt bon fare l'amour ore que lou rofié
Rogeon tout de rofe, & que lou cireyfié
Sont deyja tou claffi de bouchet de cireyfe :
Ore pe lou vergié tout lo mondo fe beife.
Lou meyna & le fille auffi chau qu'un mey d'Ou,
Ont moyen de fe vey foulet de dou en dou :
Et s'u lont quoqu'envey de faire la befougni,
Lou boiffon font foilla per cachié lour vergougni.
Perfonna ne lou vet , louz abro folamen
Provon eftre témoin de lour contentamen.
Que fat bon folata deffu l'herba nouvella,
Tandi que le gen vieu fe rompon la cervella,
Lon tafte du pleifi que fat virié lou eyu ;
Et pœiffe l'on s'endort fur lo chant duz izeyu.
Mais qui ne voudriet to eftr'à cellouz affare,
Ore que l'on ne pot fe chateni du fare :
Ceu iqui fariet ladre & four du jugimen,
Qui n'auriet de l'amour quoque reffentimen,
Veyre lo pafferat affichou per coll'oura
E fariet eytirié una poura manora,
Quand fariet un Hermita u fariet fi tenta

Qu'a se deyfraquariet, per un po folata.
Per mi je seu si dru, que sito qu'una filli
M'approche, un limafon en sort de sa coquilli,
Comm'un joeine poillen à poin de travaillié,
Per me fare ginga me faut pa gatillé :
Ne seu pa eicrivain, & si porto la pluma :
Ne seu pa mareicha, & si fiero l'encluma :
Ne seu pa pellatié, & si fçavo fourra :
E ne seu pa bastié, & fçavo rembourra :
Comme noftron fournié fegon Sardanapala,
Ie fçavo ben mena lo mancho de la pala,
Ie n'entrepreno ren que n'en veneyfo about,
Inco que je n'ay ren apprey je fçavo tout.
La Thoni, la Margot, la Bertha, la Lorenci,
Ont desja eyfaya la maita de ma fcienci,
Et je lour ay fi bien apprey bedinbedot,
Qu'elle volon toûjour fichié dedin lo pot.
Elle volon toûjour lo fu à lour colagni,
Ren ne lour fache tant que lo tour & l'eychagni,
Pleftadieu que la Lhauda à qui ét tout mon cour,
Et à qui je voudrin fare femblablo tour,
Voluffe fen tarda fçavey ce que je fçavo,
Ie moyro fi fon corp du men je n'appeyfavo,
A mon avi fariet bon couchié aver ley,
Parce que lhat louz eyu auffi clar qu'un folley,
Lo na, lo front, lou peyu biau fur toute le fille,
Eilli nat ren de nier que le deu fureffille,
Son tein ér auffi fraiz qu'un ilo qui florit,
Eillat en chaqne jauta un pertu quand i rit.
Sou don tetet fon du, & ron comm'una bola,
(Ce qu'ayde à gitta lo mureffon din lola.)
Eill'ét de la grandou per jaugié lo gojon,

Son corp que j'amo tant ét aussi drec qu'un jon,
Vl'et dou comm'un gan, & net comma veissella,
Enfin ét afeyta comm'una Dameisella.
N'ai-je pa donq reison si j'en seu amoirou,
Si je povin l'avey que je sarin heirou ;
Lo Rey qu'ét grand Monsieu sariet pa mon compare
Et pui ne faudriet pa que mon revou de pare
Me commandisse ren, car je n'u sarin pa,
l'amarin mey cen fey avey lou bra souppa.
Et que je manquarin à si bella maistraissa ?
Non pa quand tout sariet en la plus granda pressa :
Ni mesme quand lou lou qui vont courant per tout
Debvrion migié me boye & me chieure à tout.
l'amo mey mou pleisi que tout lo ben du mondo.
Mais n'ét-il pa iley ? je veyo sou peyu blondo :
Eyet mon arma ley, car veiqui souz agneu,
Que bien ame de loing sez amour recogneu,
Voih je m'eytiro ben dou vinto que je bado
E't signo que je seu de son amour malado.
Comman pourrai-j'alla luy dire Dieu seyset
Et faut que l'approcheyzo hazar set quey que set.
Vn amoirou hontou n'a jamay bell'amia.
La veiqui assetta eilli set endormia.
Debvo-je l'yveillié ou la leissié dormi,
No no é luy faut fare icy un tour d'ami,
La leissié reposa puisqu'eillet à son eiso.
Pamoin qu'ey qu'arrivey, é faut que je la beiso.
Que la fat bon beisié, que sou beisié son dou,
Vo diria que l'on toche un morcel de velou.
Que je me pleiso ben à cesteu badinageo,
Quand je la beiso ben m'ét avi que je nageo.
Ah ! que je seu conten de vey que sou tetet

B iij

Tremblon per rendre hardi lo plus lacho mottet,
Et que son tein vermey du sommey devin palo,
Per me representa qu'eillat faura du malo,
I'en seu ben si joyou, que je ne voudrin pa
Per quand je ne sçay que, ne l'avey arrapa,
Car eyet pleisi de lui teni la testa,
Tandi que lou dessout ét uprés de sa festa
Beisi-me donq ma Lhauda, embrassimi mon cour,
Et me leissi tata du pleisi de l'amour.

LHAUDA.

Hay, hay, quieto iqui ?

JANIN.

Eyet mi, ma Bergeiri.

LHAUDA.

Eyto ti Ianin ?

JANIN.

Oey.

L'HAUDA.

Ah ! la testa legeiri,
Coman vozi alla, eyto comine celley,
Qne me faut eigrognie ? Vai foa tiri-te ley.

JANIN.

E le faut ben beisie ou lou fare autre choze
Tandi qu'ell'on lo flat & lo tein de le toze.

LHAUDA.

Quoey maistre gallao, eito de la fasson
Qu'on le prend, quand i sont atterei de la som?

JANIN.

Se faut servi du tem quand l'occasion ét bella,
Sur tout quand una filli à l'amour ét rebella,
Faut prendre ce qu'on pot, j'ay donq fat mon devey
De t'avei ben beisiat, puisqu'on ne pot avey

Vn lacet de ta tetta, ou galon de te robe.
Ni lo moindro beisié qu'on ne te lo deirobe.

LHAUDA.

Ie n'amo ren donna , ma mare trop souven
Me dit, que per donna una filli se ven.

JANIN.

Ta mare, que louz an font deveni barbara,
N'a pa toûjour eita à l'amour si avara.
V tem de sa jeunessa ell'estiet reverdia,
Et comme girofleïa à chacun eibandia,
V son du flajolet jour & not i dansave,
E ne pouiet choma que quand on la beisave,
Mais ore que lo feu en son corp ét eitin,
Ne pouvan rajeuni ainsi que fat l'éytin,
I voudriet que l'amour comme ley deifaillisse,
Et que de sa verdou chacun se deipollisse.

LHAUDA.

V contrairo tu sça qu'eillame pateta
Aver le joine gen qui sorton de tetta,
Et principalemen quand i lou vet en danci,
Souz eyu incessamment vont suivan la cadanci,
Témoignan que son cour s'accommode toûjour
A lhonesto pleisi , Vi tu pa l'autro jour
Aprés nostron banquet de gnot & de raviole,
Commi'se deimenave u brando de le viole ?
I'osso dit à la vey à son tour viroillet,
Que son prin tem n'aviet inco viria foillet.

JANIN.

Mais lhat de cou de pié comm'una vachi rougi,
Perce que ne t'appren qu'à fare la farougi.

LHAUDA.

Maudamageou Monsieu, quand i me commande
B iiij

De fare coñtra ce que l'honou recommande.

JANIN.

I te det commanda d'imita lou colom,
Qui l'amour bec à bec pratiquon tout deu lon.

LHAUDA.

Mais plusto d'imita la luna blanchinella,
Qui fat en cheminan contr'amour sentinella;
Car i ne leisse pa s'approchié du soley,
Inco que jour & not u rode u tour de ley.

JANIN.

Voudria-tu que de mesme u tour je te rodisso,
Et que sen te touchié de prés je te perdisso ?

LHAUDA.

Ie voudrin ne jamay noz approchié plus prés,
Que le roüe d'un char, qui se couron aprés
S'en pouvey s'atrrapa, qui jamey ne s'abordon,
Et qui pamoin en tout ce qu'elle font s'accordon.

JANIN.

Douz aman qui ne sont u ben d'amour eychar,
Ne se vont pa fuyant comme roüe d'un char,
Mais se vont approchan & joignan lour approche,
Se sarron tant que l'un dessout l'autre deiroche.

LHAUDA.

Les honnêtez amour ne vont pa u galop,
Et trouvon qu'un beisié ne s'approche que trop.

JANIN.

Lez amour sen beisié ne son ren que fraidura,
Sont de jardin sen flou, sont de pra sen verdura;
Sont champ sen eyps, de vigne sen reisin :
Sont d'abro sen folllat, sont couve sen pusin;
Sont roche sen fontane, & plane sen rigole.
Enfin si una bouchi à l'autra ne se cole,

Et ne font que deu tefte en un doublo ducat,
Qui ne fçavon tata du pleifi delicat.

LHAUDA.

Le tefte d'un ducat fe regardon fen cefla,
Se payon de regard, ne font autra carefla.
Infi louz amoitou devon modeftamen
Prendre den lour regard tout lour contentamen.

JANIN.

Rebollié fen tata te pomme galatane,
Eyet mori de fey u bord de le fontane.
Veyqui perque vaut mieu que te faffo accula,
Que fi je te perdin per avey recula,
Puifque je te fœy vey qu'amour fen joüiffanci
E't un arbro fen frut, un vergié fen pleifanci.

LHAUDA.

I'amarin mey qu'amour perdiffe fon matrat,
Que fi per fou pleifi, je devenin fatrat.

JANIN.

Si l'amour fe perdiet, gnariet ren que gaburgeo,
Et de l'autro couftié lo mondo fariet turgeo,
Tu fça que fen l'amour tout charriet à rever,
Comme foille fito qu'elle veyon l'hyver.
Amour fat reveillié tout cefteu payfageo,
De tou bien de la terra u no donne l'ufageo.
Amour fat accorda tou meichen animau,
E fou plaifi guarit toute forte de mau.
Amour fçat appeifié tou lou plu grand ravageo,
V fçat apprivoifié tout ce qu'ét plu fauvageo,
Amour fat badina lo ven aver la flou,
E fauta lou mouton fen pouraffi dn lou,
V fat que lou peiffon frayon dedin lez onde,
Et que tout louz izeyu gergognon fur le bronde,

E fi n'eftiet l'amour tout eiriet à rebour,
Ne deifira pa donq la perta de l'amour.

LHAUDA.

Je ne defiro pa la fin de la natura,
Ni de l'amour, de qui tout pren fa nourritura,
Mais ben que lez amour poiffon toûjour nichié.

JANIN.

Ne recula pa donq quand fe faut approchié.

LHAUDA.

E faut per mieu fauta que chacun fe recule,
Car qui s'approche trop de la flama fe brule.

JANIN.

Vou fu comme lou chambro alla de reculon,
E't à fare u cordié qui filon tou deu lon
De quoque chanet, non pa à una filli
Que det toujour planta u pertu la chavilli.

LHAUDA.

Qu'appelle-tu planta la chavilli u pertu ?

JANIN.

Eyet furga ou ben fichié un fu pointu
Dedin una boubilly, afin de davoida,
Si j'entendo cellay n'u fau pa demanda.

LHAUDA.

Voih, queyto que tu dit ? fi le gen de Doumena
V fçavion, auffito u te dirion jean fena,
Et te farion changié te braye en cottillon.

JANIN.

E me chau d'elle autant que de lour petillon,
Comman fe vollié fet, qu'u m'appelleifon Giena,
De celey ne me chau ma que tu feye miena.

LHAUDA.

Perfonna ne m'aurat que ne fçacho comman,

Et que noftrou Cura n'y aye mey la man.
JANIN.
Pot-eftre que tu crei que je feu quoque charle?
LHAUDA.
N'en farat jamey ren que lo papié ne parle.
Lou meina d'eujourdeu font de vrai affrontou,
Prenes-lou atrenen, vo lou trouvari tou
Feru d'un mefmo coin, u font fi miferablo
Qu'u fandeyon toûjour, & fe donon u diablo
Per trompa una filli, à qui lo jugimen
Manque per l'aveni, comme lo peffamen.
JANIN.
Lou meina ne font pa tou tara de la forta,
Signat un qu'aye moin d'arma qu'un ayga
Ou de confcienci autan qu'un chival eipala,
Gnat cen & autro cen qu'on pou de fen alla
En Enfer, où l'on bet le ferpen u vineigro,
Commin'un eicumingea ceu iqui devin maigro
Qui fat tau feirimen, per eftre pui daña.
Quant à mi je volo ore eftre deigoumina,
Si je n'amarin mai mori cen mille viageo,
Que d'avey fuborna la meindra du villageo.
Ne t'imagina donq que je feyo trompou,
Du mau jappolimen j'ai mey que ti de pou.
LHAUDA.
Iappoiley qui voudra é ne cregno perfonna,
En ben faffan l'on pot porta una couronna
De laurié, qui ne crain l'hyver, ni lo chautem.
JANIN.
En tout ben, tout honou l'on pot paffa lo tem.
LHAUDA.
Qui vindriet autramen ne perdriet que fa pena.

Car per me garanda j'ay apprey d'una fena,
Que ne se faut pa fia u garçon qu'at leisi
De feindre l'amoirou, per avey sou pleisi,
Et qui per vo trompa vo donne quoque chosa.
Tu sça ben que l'honou ét una bella rosa.
Que personna ne pot montra aver lo dey,
Cella qui pot garda de flou ceu beau cordey.
I pot porta lo front uvert comm'un imagi,
Chacun la vou versi, perce qu'ell'ét bien sagi.
   contrario sito qu'eilli set eysibla,
    n chasse per tout comm'un cayon du bla,
    miserabla pœisse a si granda vergougni,
    norta su lo fron una si laida rougni,
     li beisse toûjour louz eyu devant chacun.
    uz meyna u sçavon, é n'en faut pui ren qu'un
    luy fare d'affron autant qu'eille merite,
    que montr'à le grande, & à le plu petite,
Qu'elle ne devon pa fare cela foli,
Inco qu'elle sarion tentey du plu jouli.
Per mi je tindrey bon que qu'un garçon fasseise,
De tout autro mal'heur lo bon Dieu me gardeise.

JANIN.

Creitu que set mau fat de fare corteysi
A un garçon qui t'at sur lez autre chus.
Tout celley sariet bon, si fat u badinageo,
Ie ne me voulin pa rangié à ton meinageo.
Mais puisqu'à ti je seu corp, tripez & boudin,
Laissi me solamen fat'un po lo badin.

LHAUDA.

Vn garçon qu'ame ben ne tin pa tau langageo
A cela que l'amour luy donne per tout gageo,
En ce que fat & dit u se sçat reteni,

Celley son de propo que tu debvria teni
A le malavisey , qui rompon lour eytache,
Afin de se vioura ainsi que font le vache :
Non pa a mi quin'ay jamey fat un sau bon,
Ie veyo que je seu d'un naturel for bon.
Car puisque ta foli à mon honou s'attaque,
Ie te debvrin haï, comm'un chin quand u raque.

JANIN.

Vna filli quand l'iame & qui tin eytacha
Son servitou, per leu i n'at ren de cacha :
I n'at jamey deipit de ce qu'on luy demande,
Quand faut executa ce que l'amour commande,
I leisse fournela son petit fournelet,
Ren-te donq à l'amour per sçavey ce qu'u let.
Haha si je navin volonta de te prendre,
Ie te conseillirin de jamey ne te rendre,
Mais mauvaisi tu vey que cen lieu je farin
Per amena violon, musetta, taborin,
Auboei, & flajolet u devan de ta porta,
Te ne devria pa donq me traita de la sorta.

LHAUDA.

Qui me voudrat avey parlarat autramen.

JANIN.

Lo parla n'ér pa tout, beisi-me soulamen.

LHAUDA.

Tu te ren plu fachou qu'un ven qui se deborde.

JANIN.

Hela! je voey muri, si tu ne m'u accorde.

LHAUDA.

Viah, viah, adieu, si, si de tau propo.

JANIN.

Me fu pa per iquen, atten inco un po,

Cruella que mon cour a plaffia la premeiri,
Vou tu fito cachié à mouz eyu ta lumeiri ?
No no mon petit cour tu ne t'enfures pa,
Maugra-non fet de mi eilli m'at eichappa.
Son pa fuyon, s'en von plu vifto qu'un eilœido,
Ie la perdo de veüa, & je demoro vœido.
Seu je pa deigracia, & de fen deipourveu,
De n'avei retenu ley, qui den fon chaveu
Enfrange ma reifon, mar-non je me repinto
Quand je ne l'ay gitra dedin ceu laberinto,
Per mieu l'enfercola, & teni plu long-tem,
Que ne l'ai-je forcia, deifloran fon prin-tem.
Et ben ben tu m'appren à n'être plu fi aze,
Tu me fu, mais fan-non je volo qu'on m'einaze,
Si ton corp ne recet du men ce que faudrat,
E n'ét mieu trafora que l'Izera du Drac
Si jamey je te trovo endormia à l'abada,
Tu verres que Ianin ne languit pa debada.

ACTE PREMIER.
SCENE SECONDE.
AMIDOR, THONO, LOREN, FLORIDON.
AMIDOR.

Allons enfans grimpons la cofte du rocher.
Aux fauvages détroits il fe faut embucher.

THONO.

Ne vo coita pa tan, Monfieu, gnat ren que preffe,
E faut per ben chaffié prendre ben lez addreffe :
Noz autrou du païs fçavon tou louz endret
Où la chaffi fe tin, noz i allon tout dret ;
Mais faut premeirimen que chacun à trei bale
Chargeife comme faut, à fin que tout ben ale.

AMIDOR.

Chargeons si à propos que nous ne mâquions point.

THONO.

Ie ne volo porta ni braye ni pourpoin,
Si l'on ne vet mieu, ba, qu'un cayon à la soura,
Lo serf ou lour sanglar si me passon ajoura.

LOREN.

Que de bestie (Monsieu) on passa per icy.

FLORIDON.

Mon frere, venez voir que veut dire cecy.

LOREN.

Veyqui lo pio d'un our, ou ben celle d'un oursa,
Un serf & una bichi on fat icy lour coursa.

THONO.

Que le piey sont eipesse, egnat un gro tropel,
Si j'en tuo quoqu'un je reteno la pel.

AMIDOR.

Outre la peau je veux que le tout se partage,
Tâchons tant seulement de prendre l'avantage,
Il est tard, nous devrions estre déja logez.

FLORIDON.

Les limiers sont encor à l'attache engagez.

AMIDOR.

N'importe, vous sçavez qu'il ne faut pas attendre
Car si-tost que le Cerf entend quelques abois,
Des cornes & des pieds il écarte le bois.

THONO.

E't vray Monsieu, chacun det estre din sa cachi,
Devant que l'on lachey lou chin de lour eytachi.

AMIDOR.

Allons donc mes amis, chacun en son quartier,
Ou bien il ne faut pas se messer du métier.

THONO.

Monsieu alla voz en deſſout cella pivola;
Heriſſia tout u dret de cella grand nievola
Et vo deſſout ceu pin, qu'ét u fin biau mitan
D'un gro boiſſon de boi; ne vo coita pa tan
Quand vindrat à tirié, mais d'una mina fraida
Si l'Our vint contra vo, teny la chamba reida.
Quant à no noz allon u lieu plu dangeirou,
Et où ne faudriet pa mettre de gen pourou.

AMIDOR.

Quel aſtre voyons-nous autour de la fougere?
Seroit-ce point Diane en forme de bergere?
Mon frere, je ne ſçay ſi nous devons paſſer.

FLORIDON.

Si c'eſt Diane, il faut avant que de chaſſer
Luy rendre nos devoirs autrement l'entreprendre;
Nous nous trouverions pris quand nous croirions
   de prendre.

AMIDOR.

Vous dites bien, ſçachons ſi cette Deité
Eſt la Reine des bois.

FLORIDON.

                    Approchons ſa beauté.
Voyez elle s'enfuit le long de cette roche.

AMIDOR..

C'eſt qu'elle ne veut pas que perſonne l'approche.

FLORIDON.

Ainſi le jour ſe cache, & nous laiſſe la nuit.

AMIDOR.

Ne connoiſſez-vous point celle-là qui s'enfuit?
                              LOREN,

LOREN.

Qui cella qui s'en vat ? eyet noftra veyfina,
A qui je voudrin ben avey chata l'eyfina.

AMIDOR.

Vous eftes fon voifin ? quoy ce ne feroit pas
Celle qui fit aux chiens de leur maître un repas ?
Elle pourroit ofter fon prix à Ericine
Dites en bonne foy , eft-ce voftre voifine ?

LOREN.

Oey, Monfieu, per la fey que me faite jura,
Tout u prés de chié no l'hat toujour demoura,
Son pare lo meillou homme de la perrochi,
La leiffe courrata u tour de cetta rochi,
Per garda fouz agneu u prés de ceu contour,
Louz meyna fon tou jour & not à l'entour,
Et venon per la vey de trey lieu à la ronda,
Ma fey la fat bon vey car eill'ét bella blonda.

AMIDOR.

C'eft l'ouvrage plus beau , que la nature ait fait.

FLORIDON.

Son vifage en fes traits montre qu'il eft parfait.

LOREN.

I fariet ben inco à voftrou eyu plu bella,
Si l'eftiet pinpona comm'una Dameifella.

AMIDOR.

Ie vous jure ma foy que jamais à la Cour
Dame ne me toucha fi vivement d'amour,
I'ay efté pris fi-toft que je l'ay veu fi belle,
Ell'emporte mon cœur,mais pourquoy me fuié-elle?

LOREN.

I ne fut que de pou qu'eill'at duz eytrangié,
Si voz offe connu l'offia pa veu bougié.

C

Mais (laſſet) de rou ten liat eyta ſi pourrouza,
Que quand i noz at veu porta un'arquebouza,
Liat creu que noz eſtion de ſoudar affama,
Et que no ne venion que per l'abaſima.

AMIDOR.

Noſtre deſſein n'eſt pas tel qu'eile ſe figure,
J'aimerois mieux oüir de mon tombeau l'augure,
Que d'avoir provoqué au moindre déplaiſir
Celle-là qui d'apas peut nourrir mon deſir.
Mais comme pourra-t'elle apprendre que mon ame
Conçoit pour ſa beauté une nouvelle ẗâme?

THONO.

Monſieu ſi vo l'ama comme voz u conta,
Et ſi tan ſolamen vo volé l'accouta,
Attendé à dema, qui det deſſout ceu chano
Retourna, per garda ſouz agneu, & ſon aſno.
Je vindrei aver vo, per tiſenna ſon cour,
Et alluma ſon feu du ven de mon diſcour:
I farat mey per mi, que non pa per ſon pare,
Laiſſié-me ſolamen gouverna cell'affare.

AMIDOR.

Si par voſtre moyen, j'ay part à l'amitié,
Qu'elle doit conſerver à ſa chere moitié,
J'en ſeray moins ingrat qu'un amoureux prodigue.

THONO.

J'amarin mey cen fay vey jala noſtre figue,
Et vey noſtrou vergié ravagea d'un gro rut,
Que d'avey prey de volo vaillen d'un perut,
Per un petit ben fat que j'eſpero vo rendre.

LOREN.

V ſçat ce qu'u vo debt ne lhu faut pá apprendre.

AMIDOR.

Demain nous apprendrons ce qu'elle a dans le sein,
Pourfuivons cependant noftre premier deffein.

LOREN.

V penfaret plufto à l'amour qu'à la chaffi,
Et mi à voyanta ce qu'ét dedin ma biaffi.
Pamoin, fi no prenion quoque Cerf bien calliot,
Quoqu'un de mouz ami en aurat un pelliot.

CHANSON.

Quitte, quitte ce païfage,
Bergere qui de ton vifage,
Embellis des champs le féjour,
Laiffe le foin des fleurs à Flore,
Et viens comme une belle Aurore
Donner à Grenoble le jour.

¶ Grenoble bona meynageiri
N'a pa befoin d'una bergeyri
Per garda fe feye du lou.
I farre quand i vou fe porte,
Et pui ne faut pa qu'on y porte,
Lo cordiliat prés du velou.

¶ Elle t'appelle dans fon luftre,
Pour eftre par toy plus illuftre,
En changeant ta condition
A celle d'une Damoifelle :
Belle viens donc loger chez elle,
Pour goûter fon affection.

¶ La gloyri ne me farat prendre
Si grandez ale, per comprendre
La vola contra lo Soley.
Ie me contentro de l'offranda

De quoque petite garlanda,
D'un bergeirot de bonna ley.

    ¶ L'offrande qu'un Berger te donne
N'est que des fleurs, qui l'Automne
Ne peuvent enrichir de fruit,
Qui sont sujettes à l'orage,
Enfle donc belle ton courage,
Et fuis ces bois pleins de la nuit.

    ¶ Si je prenin dessout l'eyssela
Lo ven de quoque Dameisella,
Comm'un pavon se miraillan,
Qui ne pot pa cachié se tare,
Ie m'irin cachié chié mon pare,
Veyant mon fondamen roullian.

    ¶ Le Soleil fort joyeux de l'onde,
Pour se montrer à tout le monde,
Ainsi tu dois te faire voir :
Une beauté comme la tienne,
Ne doit souffrir qu'un Berger tienne
Le bien que la Cour doit avoir.

    ¶ J'ay trop pou de quoque talochi,
J'amo mieu tendre ma filochi,
Et demoura dedin ma pel,
Que si per me mordre la lora,
Comme celle qui cregnon l'ora,
J'abandonnavo mon tropel.

ACTE SECOND.
SCENE PREMIERE.
LHAUDA.

SI jamei fille fut en pena, j'u seu ore,
Car je seu eybranda comm'un boei de lez ore,

Ie feu fi attaqua per devan & derrié,
Que je ne fçavo plu de quau flan me virié.
Sur tout pro de meina que je n'amo pa gueiro,
Me rodon mieu d'entour, que lou chiet du armeiro.
Vo diria per ma fey à vey celou fachou,
Qu'u me devon berfi, tant u font affichou.
V volon per grand force avey la joüiffanci
De ce qu'on n'at jamai que per grand'amitanci.
Vna filli (laffet) per dedin lou meina,
At ore prou affare à fe ben gouverna.
Son honou jour & not tramble comme le foille,
Quand l'un la vou beifié, l'autro la tiripoille,
L'un luy vou maneyé lou tetet fi font du,
L'autro cherche deffout ce qu'u n'a pa perdu.
Crei que ne faut pa ren qu'eilli feye creitura,
Autramen fa farrailli auriet to l'ouvertura.
Je regardo mi mefma à traver du dangié,
Que j'ai toûjour pro u pena à me ben revengié,
Car l'un per me trompa me promet mille chofe,
L'autro tou lou matin m'enbouquette de rofe.
L'un me tire decey, l'autre me vou deley,
Iufqu'à me demanda fi je vollo celey.
Et tout per me beifié m'eiguiron ma calleta,
Iamei je n'ai repo que quand je feu foletta.
E't un terriblo fat du meina d'eujourdeu,
V fe prometton tou ce qu'ét à veüa d'eyu.
Veye-vo ceu Ianin la tefta fen cervella ?
V cret de tout perci avec fa taravella,
Toujour aprés le fille u vat vey s'u pourrat
Dedin quoque pertu fureta comm'un rat.
Mais un tau deiverga(incora que jo landro,
Me trouvarat toûjour plu fraida qu'un jalandro,

C iij

Ie fçavo (Dieu marci) ma liffion de pecour,
Car de tant d'aigarcy, lo mauves brut que cour,
Ma fat marchié de dret; Dieu me farat la graci,
Que perfonna per mi, de touta noftra raci,
Ne farat entacha du moindre deizonou,
Qu'u ne venay pa donq me tenta, à l'honou.
Ou je lo cuvriray tout affi-to d'outrageo,
Voudrin-je devan cop perdre mon pucelageo!
Non pa quand je debvrin comm'un arma dana,
Pati en ma jeuneffa, & quand infortuna,
Ie lo debvrin avey quand j'arai à le croffe,
Ie lo gardo laffet, per lo'jour de me nopce,
Mais perque noftre gen ne me marion-t il?
Revon-ti, ou qui font? ceci éta trop pati,
Veyon-ti pa toûjour que lou tetet me creiffon?
Qu'attendon-ti donc plu, que lou meina me leiffon?
Cellei ét trop forfat, que faille tant eita,
Prou de moindre que mi, qui n'ont pa la meita,
Du courfageo que j'ai, ont chacune lour home,
Et mi n'aurai jamey pot-eftre qu'un fantome.
Veyqui perque lo cour de deitreffi me bat,
Veyan que gnat qui font neire comm'un courbat,
De groffe mauperey qui n'ont ny gout ni graci,
Et qui ont de tetet una plena paillaffi
Ben mariei à lour eife, & bén à lour gogo,
Que joyon alenjan, & vendo lo bigo,
V prés du feu, tandi que je tiro me pene,
Hela! quand farat-to, que faudra que le fene
Me metteyfon couchié, per migié la routia,
E farat quand playrat à ma tanta Mathia,
Et principalemen à mon pare & ma mare,
Qui fe debvrion coita par un fi bon affare.

Mais je cogneuſſo prou à lour paçolliemen,
Qu'u ne ſe chaillon pa de mon contentamen,
Car s'u l'avion envey de me vey en meinageo,
V n'eirion pa diſan que je ne ſeu pa d'iageo,
Non ſeu pa (lou vieu ſac) pa ne ſeu pro agea,
Y at mey de trey an que je ſarin logea,
Si m'oſſion accorda ceu que m'eſtiet fidello
Mais elouz entrat ben de me teni chiez ello,
Per chara ley eicuelle, & coivié la meiſon,
De me fare ſi joyena on-ti quoque reiſon ?
Iay quinz'an ſur le coſte , & quand je dirin ſeize,
Ie ne mentirin pa , car ſeu naſſa lo treize,
Du mey que l'on entend chanta lo roſſignou,
I'ay donqua prou de ten de par noſtron Seignou,
Que volon ti donq fare ? attendre ma trantena,
Ha ! je ne vola pa qu'u me gardon per grana.
Lo premié que vindrat , ma qu'u ſet à mon gra,
Sarat ceu que m'arat, autramen per lou pra,
Ie farei per deipit izela noſtre boye,
I'uvtiray lo jardin à toute noutre troye,
Ie ne paſſerey ren lo lacet u colou,
Ie laiſſirey migié noſtrou mouton u lou.
A tou noſtrou toreu j'outaray la ſonailla,
Ie laiſſiray mouri de ſey noſtre polaille.
I'ouſtarey tou lo not l'aſno du ratelié,
Ie farey barrula tout per louz eſchalié.
I'ey caraboſſiray touta noſtra veiſſela,
Ie frandeïray tout juſqu'à la moindra ſella.
Lez ole , lou peiret , lou pot , j'eiclaperey
Noſtron veiro, & tout ce que j'attraparey.
I'attraſſiray lo fi, j'aiguiriray lo lingeo,
Enfin je lou farai mey de ma qu'un vieu cingeo.

Vni gagniron ren de fure mon parti,
Car dedin quoque tem je lou farey senti,
Que je ne debyo pa, si je seu filli leyma,
Racla nostrou naveu, inco cetta careyma.

ACTE DEUXIEME.
SCENE SECONDE.
AMIDOR. THONO. LHAUDA.

AMIDOR.

TOute la nuit amour m'a fait d'un feu nouveau,
Monter par des souspirs la fumée au cerveau,
Si bien que mon esprit touché d'inquietude,
A marqué de mes pas toute la solitude.
J'ay parmy les Forests, esloignées du bruit,
Pour trouver mon repos couru toute la nuit,
Car ni les doux efforts des charmes de Morphée,
Ni les douces chansons des heritiers d'Orphée,
Ne m'ont pu arrester, tant les peines d'amour,
M'ont rendu vagabond en attendant le jour.
Que cette nuit m'a fait languir parmy ces ombres,
Que ce lieu a tardé d'éclairer ces lieux sombres.
L'un & l'autre contraire au bien qui m'est si cher,
M'ont contraint de monter au sommet du rocher,
Pour sçavoir quel malheur pouvoit coller encore,
Les baisers du vieillard aux lévres de l'Aurore.
Si-tost que je l'ay veu de honte rougissant,
Elle m'a témoigné que son cœur languissant,
Ne pouvoit respirer que l'amour de Cephale,
Car pour le contenter, sa beauté sans égale,
A deployé ses raiz avec beaucoup de pleurs,
Qu'elle a à mesme tems versé dessus les fleurs.

Son visage vermeil, & sa perruque blonde,
Figuroit l'Orian, que j'adore en ce monde,
D'où j'estois si ravi, qu'il sembloit qu'un transport,
Faisoient que mes desirs arrivoient à bon port.
En ce contentement je prenois le mensonge,
Pour le vray, mais ce bien a passé comm'un songe.
Pourquoy ne venez-vous plaisir avec effet,
De l'ombre mon esprit est trop peu satisfait?
Pourquoy ne venez-vous cause de cét image,
Qui tirez de mon cœur le plus devot homage?
Peut-estre dans les bras de quelque païsan,
Vous laissez moissonner les biens d'un courtisan.
Ah! vous ne sçavez pas de vos yeux la puissance,
Non non vous n'avez pas de mon mal connoissance,
Ni moy de vos desirs puis que tant seulement,
Mes yeux sur vos beautez eurent hier un moment.
Helas quand sçaurez-vous l'amour qui me possede,
Du Berger qui pour moi lâchement intercede;
Possible son esprit travaillé des impos,
Ou plutost dans le lict assommé du repos,
Ne pense plus à moi ni à l'heure assignée,
Mais où est sa parole & sa foy consignée.

THONO.

Me veicy ben, Monsieu.

AMIDOR.

Ha, ha! vous estes-là.

THONO.

Et vo voz este iqui, tout deitartavela,
Vo parla de per vo, eyro de nostra chassi,
Ou si vo-vo grusa de la grand' eigruisassi,
Que lo Senglar a fat à vostron frare anot
A la cœissi, sito qu'u l'eut lacha son cop.

C v

Celley n'ét ren, u dit de mon compare Estienne.

AMIDOR.

La playe de mon frere est moindre que la mienne,
Son mal est à la cuisse, & le mien est au cœur,
S'il est blessé, du moins il demeure vainqueur.

THONO.

Ah qu'u l'atteignit ben u darrié de l'ispala,
Mais d'una de se den largi comm'una pala,
Et feita comm'un crot, ceu vilain dentaru,
Si-to qu'u se sentit d'una bala feru,
V venit, en passan, lui baillié la nazarda,
V n'autro viageo faut porta un alabarda.
Pamoin, u n'alit pa mouri douze pa loin,
Aprés qu'u l'aguit fat ceu meichen cop de groin.

AMIDOR.

Cela ne sera rien, un bon maistre le pense,
Moins pour la guerison que pour la recompense.

THONO.

Lou Barbié font dura una plaïe long-tem,
Per avey mey d'argen, lo ma lou ren conten,
V l'amon cen fey mieu vey prou de chambe route,
Et de bra estropia que cellou qu'ont le goute.

AMIDOR.

De mesme les beautez font contentes de voir,
Souffrir ceux qu'elles ont rangé fous leur pouvoir.
Ie n'en espere moins de la belle Bergere,
A qui ma volonté, s'est renduë homagere.

THONO.

De la Lhauda (Monsieu) que sçat ben son patel,
Si je parlo per vo voz auri lo gatel.
Creyé qu'eilli n'est pa de cette glorioufe
De la Villa, qui font de prou de ma jouyouse.

AMIDOR.

Croyez-vous qu'elle vienne au lieu où je pretens,
Rendre dans ses faveurs mes beaux desirs contens.

THONO.

L'on n'enten pa chanta sito lez irondelle,
Qu'eilli cey vin enchan.

AMIDOR.

Quand serons-nous prés d'elle.

THONO.

Noz i saron ben-to, suive me solamen,
Chut, chut, ne dite mot, faut alla jolamen :
Veyé-la den ceu bœi u prés d'una fontana,
Qui guarit prou de gen de la fiévra quartana.

AMIDOR.

Ah ! je la vois, ell'est auprés d'un aupebin.

THONO.

Voz i cogneussé ben, egnat ren que de pin.

AMIDOR.

Quoy que ce soit je vois confusément la grace,
La beauté & l'amour assis dessus sa face ?

THONO.

Qu'en dite-vo Monsieu n'ét-i pa en bon poin,
Quittaria yo per ley le braye & lo pourpoin ?

AMIDOR.

Pour elle à mon amour qu'y a-t'il d'impossible ?
Elle sçaura bien-tost ce qui m'est plus sensible.

THONO.

Leissié m'alla premié oueilli s'enfurat,
De pot, comm'i fit hier, sito qui vo verrat.

AMIDOR.

C'est bien preveu, allez, pour assurer sa crainte,
O Dieu qui ne voudroit avoir l'ame contrainte,

Des aymables liens d'une telle beauté,
Puisqu'amour dans ses yeux est luy-mesme arresté.

THONO.

Bonjour Lhauda , bonjour.

LHAUDA.

Bonjour nostron veisin.
Volevo deyjuna de pan & de raisin.

THONO.

Ie ne foey que forti de la couchi tout ore.

LHAUDA.

Voz ayez deyjuna , se ver à vostre lore.

THONO.

E't vray j'ai beu rrey cou devan que de forti.

LHAUDA.

Quin ven vo mene-to ? vou nez pa adverti
De veni per ici. Quiat-to , dite veyre ?

THONO.

Gnat ren que ben per ti , si fou te me vou creyre.

LHAUDA.

A tout ce que l'on dit , je n'adjousto pa fey,
Gnat que trop qui me font bouquet de cheurafey.

THONO.

Tu po creire qu'un jour tu fares ben heiroufa,
Car un Monfieu per qui je porto l'arquaboufa,
E't amoirou de ti , je te dio talamen,
Qu'u l'en pert lo migié & lo bouvoillimen.

LHAUDA.

Ne veni pa ver mi per conta cella bauda.

THONO.

Iamey je ne couvi din lo cour talla frauda.

LHAUDA.

Alla, alla mocquou , voz est'un pellourdié,

THONO.

I'amarey mey cen fey de branche d'un cordié
Pe le man, pe lou bra, & d'una corda longi
Eftre bien enfrangea, que dire una menfongi.
Crei me donc fi tu vou, ceu Monfieu t'ame tan,
Que l'arma din lo corp luy vat toujour battan,
V jette de foufpi qui font branda louz abro,
Qui farion apida un cour plu dur que marbra,
V let fi eichaufa, qu'u brule de te vey,
Mais devan que veni, de ti u vou fçavey,
Si t'y prendres pleifi, regarda de bon hora,
Si natura per leu a fat meura la mora.
Di me ta volonta, deiclara-mi ton cour,
Vou-tu qu'u ven'icy par te fare la cour ?

LHAUDA.

Me fariet trop d'honou, mais à to bonna mina ?

THONO.

Autra que ton Ianin tutou de la bovina,
Egnat pa un fi brave en tout noftron canton,
La barba folamen luy piquet u menton.
Vo diria per ma fey, quand u faute qu'u vole,
Et quand u danfe, u fat millante cabriole :
En tout u l'et toûjour lo plu genti de tou,
V n'ét pa ren bouffu, ny borlio, ny boitou,
V chante comm'un Ange, & parle comm'un livro,
V l'ét fobro, inco que d'amour u fet yvro.
V bet quafi tout d'eyga, & en chaque morcel,
Vo diria, per ma fey, qu'u l'ét inco pucel.

LHAUDA.

Ie lo voudrin ben vey, fo pa que voz u cacho.

THONO.

Lo vet tu par iey, umbragea d'un plumacho.

LHAUDA.

Ie lo veyo veni, lo vey qui qui s'en vat.

THONO.

Ne fat ren, ù l'atten que je corneizo avat.

LHAUDA.

Sona-lo vey, que to je fçacho qu'u defire.

THONO.

Monfieu, venez icey, la Lhauda m'u fat dire.

AMIDOR.

Bergere à qui les fleurs prodiguent leur odeur,
Après que vos beaux yeux (agreable fplendeur)
Les ont rempli d'amour, & forti de la terre,
Voici le prifonnier de voftre douce guerre,
Qui vous facrifiant fon cœur & fa raifon,
A fait vœu de jamais ne rompre fa prifon.

LHAUDA.

N'entendo pa, Monfieu, celle belle parole.
Car l'on ne parle pa dinfi du flan de Crole.

AMIDOR.

Si mes paroles n'ont de perfuafion
Capable de vous faire oüir ma paffion,
Mes yeux & mes foûpirs, prophetes de ma flame,
Prêchent affez le vray de ce que j'ay dans l'ame.

LHAUDA.

Excufa-me, Monfieu, fçavo pa francilié,
Car j'ay un efperit auffi gro qu'un päillié,

AMIDOR.

Puifque vous poffedez les qualitez d'un Ange,
Voftre efprit arefté merite de loüange,
Avant que vos beautez, de qui je fuis captif,
Ne me faites pas donc un compliment crainuf,

Mais ſi par vos apas mon ame eſt aſſervie,
Dites-moi ſi j'aurai le bien de mon envie.

LHAUDA.

Babilley qui voudra é n'ét pa mon meitié,
Vna colagni vin ben mieu à mon couſtié,
Et je l'amo ben mey, que mena l'entivella,
Celley ét bon à fare à quoque Dameiſella,
Qui per parifela at lo bec aſila,
Non pa à mi qui n'ai ren apprey qu'à fila.

AMIDOR.

Voſtre ramage dont le doux accent me charme,
Prononcé par la voix qui la mienne deſarme,
Eſt plus doux que le leur. Outre que le maintien
De vos béautez fournit plus qu'elles d'entretien.
Preferez donc mon offre à tout autre ſervice,
Et voyez que mon cœur ne cache point de vice.

LHAUDA.

Qu'en povo je ſçavey, je ne ſeu pa dedin.

AMIDOR.

De cette belle fleur, mon cœur eſt le jardin,
Car je vous ay choiſi au parterre de Flore,
Pour adorer l'encens qui tout autre devore.

LHAUDA.

Ma fey n'en creyo ren, car é h'et pa reiſon,
Que vo penſi en mi, & pui voſtra meiſon,
Ne voudriet pa changié ſon fromen en aveina,
Vo merita(Monſieu)de prendre quoque Reina.

AMIDOR.

Voila pourquoi amour(pour ſé montrer vainqueur)
Vous a fait à l'inſtant la Reine de mon cœur.

LHAUDA.

Vo vo mocqua de mi, j'u cogneuſſo ben ore.

A M I D O R.
Au contraire, de plus en plus je vous adore.
L H A U D A.
Ie ne merito pa tant en voſtron endret.
T H O N O.
Eill'ét prou ben appreiſa, y parle ben à dret.
A M I D O R.
Vous meriterez plus ſi voſtre cœur ſe laiſſe
Bleſſer du même trait que celuy qui me bleſſe.
L H A U D A.
Ie m'en gardarey ben de me bleſſié lo cour,
Perce que j'en mourrin (pot-eſtre) ſen ſecour.
A M I D O R.
Vous ne ſçauriez mourir en me donnant la vie,
Ni vivre, ſi l'amour ne vous remplit d'envie ;
Car c'eſt mourir que d'eſtre inſenſible à ſes traits,
Vous ne devez point donc dementir vos attraits,
Qui ne peuvent ſouffrir que vous ſoyez rebelle,
Mais vous montrer autant amoureuſe que belle.
L H A U D A.
Si je ne ſeu pa bella é n'en ſeu que meillou.
A M I D O R.
Mais vous avez le cœur auſſi dur qu'un caillou,
Et à tous mes doux offres, vous eſtes trop farouche,
Car vous ne voulez pas que mõ amour vous touche.
L H A U D A.
Monſieu, ſi voʒ eſtia quoque po mon parey,
Ie voʒ amarin mey que mi-meſma ſocrey.
Mais celley ne ſe pot : car voʒ eſte trop bravo,
I'en aurin quoque dan ſi en vo j'eſperavo.
A M I D O R.
Si mes deſirs eſtoient d'une flamme conceus,

Voſtre

Vostre espoir, ny le mien, ne seroient point deceus,
Rien ne refroidiroit nos amours naturelles,
Iamais l'inimitié entre les tortorelles,
Ne produisit ses maux : ainsi sera de nous
Si vous estes à moy , comme je suis à vous.

LHAUDA,

Mais vo ne voudria pa una poura bergeyri,
Veyant que je n'ai pa per vo prou de vercheyri.

AMIDOR.

Ie ne veux rien de vous qu'une chaste amitié,
Soyez tant seulement de mon cœur la moitié.
Rien ne vous manquera; car puis qu'à vous je cede,
Vous pourrez disposer de ce que je possede.
Ie vous feray changer de jour en jour d'habits,
Vous ne languirez plus autour de vos brebis.
Notamment quand l'hyver découffe les campagnes,
Parce que vous aurez les Dames pour compagnes.

LHAUDA.

I'amo mey demoura soletta din lon boey,
Entendre tullura le flutte, & lou auboey :
Et chanta de per my , u pié de quoque rochi,
Que d'estre accompagna de le Dame en carochi.

AMIDOR.

Quoy ? vous ne voudriez pas abandonner ces bois,
Ny moins vous retirer des charmes des aubois,
Pour un parti qui doit vous rendre plus contente ?
Ce seroit rebuter le bonheur qui vous tente.

LHAUDA.

Ie n'u voudrin que trop , mais n'et pa mon eitat,
D'avei , ny de porta l'habit de tafatat,
Ny de m'accompara à celle Dameiselle,
Ie ne soey pa si ben la prima bouchi qu'elle.

D

AMIDOR.

Elles n'ont rien d'égal en leurs inventions,
Au moindre échantillon dé vos perfections.
Partant, si la pitié de vos douceurs ne m'ayde,
A mon mal je n'auray que la mort pour remede.

LHAUDA.

Ah ! que vo sçavé ben aplagnié lo miron,
Comme cettou fripon du coustié de Voyron.

AMIDOR.

Mon discours est naïf, car l'amour qui m'opprime
Est encore plus vray que je ne vous l'exprime.

LHAUDA.

Vo m'en diti ben tant, qu'à la fin me faudrat
Creire que lou latin ét plu dou que lo drat.

AMIDOR.

Vous croirez à la fin, que je porte dans l'ame
L'amitié d'un Leandre, & la foy d'un Pyrame.

LHAUDA.

Ie ne sçavo qu'en dire, y at prou à brogié,
Lou plu grou izeyu font quafi tou paffagié,
Pot-estre, vo veac me baillié un'attaqua,
Per m'engagié, & pui per me fare la gnaqua.

AMIDOR.

I'en atteste lo Ciel, de son foudre je veux
Eprouver le courroux, si je farde mes vœux :
Mon inclination ne les offre ni donne,
Qu'afin de recevoir d'un Hymen la couronne.

LHAUDA.

I'u creiray quand celley farat à bon eycien.

AMIDOR.

Elle ne peut encor croire que je sois sien.

LHAUDA.

Ma fey non : car ne feu pa filli fi creandeiri,
I'ai trop pou d'enrouta en fi granda brandeiri.

AMIDOR.

Les fermens que je fais ne pourront-ils bannir
Voftre incredulité ? Ou fi pour obtenir
De vons cette faveur, il faudra que je treuve
Quelqu'autre expedient, dans la mort pour ma
            [preuve.

LHAUDA.

Mais quey-to, fen jura, ce que vo defira.

AMIDOR.

Vn baifer amoureux, qui nos cœurs unira.

LHAUDA.

Tobiau, tobiau (Monfieu) on te penfavo d'eftre.

AMIDOR.

Au lieu où ma raifon n'a que l'amour pour maiftre,

LHAUDA.

Per forci vô n'ari que quoque defplaifi,
Leffié-me donq alla, faite-me ceu pleifi.

AMIDOR.

L'excés de mon amour vous doit faire fans crainte
Condefcendre aux efforts d'une douce contrainte.
Puifque pour moderer un peu ma paffion,
Ie n'entreprens fur vous, qu'une conjonction.

LHAUDA.

Vous m'eipoufari donq devant que je vô beifo,
Autramen ne faut pa penfa que j'u voleifo,
Lou Monfieu (comme vo) font que trop adops.

THONO.

I vou fçavey comman i mettra lo cu ba.

AMIDOR.

Ma chafte volonté releve de la voftre,

Mais afin qu'aucun bien ne furpaſſe le noſtre,
Promettons un lien éternel à nos corps,
La conjonction eſt la reine des accords.

LHAUDA.

Ore ſur ceu propo tou mon amour je fondo,
I'amo mey eſtr'à vo qu'à perſonna du mondo,
Puiſque vou n'aves pa la mina d'un grondou,
Per en veni à bot, ne faut qu'un demandou.

AMIDOR.

Favorable réponſe, ô qu'elle me contente !
Puiſque vous promettez ce bien à mon attente :
Ie tiens qu'il n'y a rien de doux que mon tourment,
I'en benis ce beau lieu, paradis d'un Amant,
Auquel tous mes eſprits s'enyvrent d'ambroiſie,
Et où mon bonheur doit donner de jalouſie
Au ciel qui nous regarde, & à ce Cupidon,
Qui ne peut ſuccomber que ſous voſtre brandon.
Ie benis le lien qui noſtre cœur engagé,
Pour le rendre plus fort acceptez donc pour gage
Cét anneau emmaillé, qui tiré de mes doigts
Aux voſtres portera la foy que je vous dois.

LHAUDA.

E gramarci (Monſieu) ceci vaut ben lo prendre,
Dieu voille que bien-tô j'ayo deque vo rendre.

THONO.

Veiqui qu'ét prou parla, é ne faut que dou mot,
Per mettre l'un deſſu & l'autro per deſſot.
Si vous avez envey d'enfila la gailanda,
Dite m'u ſolamen, je farei la demanda.
Si ben que vou pourri de plu prés vo tochié,
En talou bonz affare é ſe faut deipachié.

Voſtre conſeil eſt bon , ſçachez donc de ſon Pere,
S'il voudra que je ſois ſon fils, comme j'eſpere.
Mais repreſentez luy tant mon affection,
Et mes commoditez , que mon extraction :
Cependant au ſéjour de la verte fougere
Iuſqu'à la fin du jour , je ſuivray ma bergere.

THONO.

Je voey fare ſi ben que vo ſari conten.
Adieu (Monſieu) adieu, la Lhauda voz atten.

AMIDOR.

Où voulez-vous aller , beau Soleil de mon ame,
Attendant que le Ciel favoriſe ma flame ?

LHAUDA.

Garda mouz agnelon de la gorgi du lou,
Et per lou mettr'à l'ombra u gro de la chalou.

AMIDOR.

Allons donc ſouſpirer en quelque frais ombrage,
Les delices futurs de noſtre mariage.

ACTE SECOND.
SCENE TROISIEME.
THONO. JANIN.

THONO.

ON te courtu Ianin, t'es ben eiſarvagea ?

JANIN.

Ie voey cherchié la Lhauda u boey de la bourgea.

THONO.

N'y va pa ſolamen , un autro tin ta placi,
Si ben que gnat per ti ren que ſa mala graci.

JANIN.

Coman, un autro vot cella qu'at tout mon cour ?

THONO.
I se vat maria, per te coupa plu cou.
JANIN.
T'u di per me fourra la puzi din l'aureilly.
THONO.
T'amaria mey ballié bete din ma boteilly.
JANIN.
Ne vin donq affeibli de mon cour la vigou,
Si un autro l'aviet j'en mourrin de langou.
THONO.
Sçachi donc que jamey tu ne sares son home,
Et que sara pluto un bravo Gentilhome,
Que luy fara leva lo na & lou talon,
Porta d'habillemen de seya tout deulon,
Teni quand i voudrat lo cu deffu la cella,
Avey tou sou pleisi comm'una Dameisella.
V luy farat chougnié de pan blan tou lou jour,
A bouchi què vou-tu, elli farat toûjour,
I farat ben ver leu, faut pa que je te mento,
La fruta ne farat que bella d'un tau hento,
Perçe qu'u l'ét quasi aussi bravo qu'un Rey,
En tout ce qu'on lo vou, u n'at pa son parey,
Et l'ey d'autro coustié ressemblo una popousa;
Que la farat bon vey, quand i farat eipousa,
Et sou paren u tour d'una souppa de ri?
Ell'en farat joyousa, & ti lo plu marri:
Mais perque ploure-tu, é se faut ben resoudre,
L'affara ben cosu ne se por pa deicoudre;
Car leu luy at donna una bagua à la fey,
Queill'at tout aussi-to ficha dedin son dey.
Qu'y farta-tu, chacun charche son avantageo,
I monte du plu ba jusqu'u plu hau eitageo.

Inſi la Luna pren ſa clarta du Soley,
Diſon la verita, eilli fat ben per ley.
Ie ſçavo que la perta en ce qu'on ame veyre,
E't un fey ſur lo cour plu gro qu'on ne pot creire :
Mais qu'y fare, faut ben volley ce que Dieu vou,
Tourna-ten donq avermi, & ne fay plu lo fou.

JANIN.

Laiſſi-me tou ſolet regretta ma deigraci !

THONO.

Lo bon Dieu te conſole, & te faſſe la graci
D'oublié tez amour, & à mi d'obligé
Celleu qu'at mieu que ti deque s'en revengié.

JANIN.

Fauto que contra mi l'ora de la etaverſa,
Souffleiſe jour & not, fauto qu'à la renverſa,
Je chayo tout à fat, quand ſe faut abochié,
E't un grand crevacour que me faille machié,
Ou plûto avala tant de perut d'angoeiſſe :
Hela n'ét que trop vray que la Lhanda me leiſſe,
La groſſa pleyvi d'or endoft ſon jugimen,
Veyqui perque le fille amon lo changimen.
Et comme per porta toûjour de belle ore,
I charchon lo Monſieu, incore qui ſont pore.
L'infidela que trop, s'eſt donqua perjura,
Où eyro cella fey qu'eilli ma tant jura ?
Où ſon lou ſeyrmen qui me faſſiet ſur l'herba
Deſſou cellou gran pin, mireu de la ſuperba ?
Qui comme mez amour ſont ſen flou & ſen frut,
Lo ſongeo que j'ai fait à l'hora que lo brut
Leiſſe tou repoſa, n'ét que trop véritablo,
Car dorman renverſa u fon de mon eſtablo,
J'ay ſongea que la Lhanda avec ſon parpaillon,

D iiij

Satiet una tortua din l'arpa d'un ayglon,
Qui charrat à la fin avecque fa carrochi,
Celley luy avindrat fi quitte la perrochi.
Car tou ce que l'orgueil fat monta chat aba.
Mais la porra infenfa qu'at veu fouven tomba
De l'air en fon plain chan la pefita alloüetta,
Ne debvriet pa en hau fare la giroüetta,
I debvriet s'abbeiffié, u lieu de s'eileva,
Puifque la vanita du ven ét enleva.
Mais perque quitte-te lo rochat de conftanci,
Per eftre fi fujetta à l'ora d'inconftanci ?
I fat que deu lo tem que noz eftion enfan,
Que fou eyu de mon cour, fe firon triomphan :
Autra filli que ley n'at receu mes offrande,
V foin de fon tropel j'ay ufa mille frande.
Sur lou abro per ley, j'ay fat lo picorou.
Noz eftion famillié comme frare & ferou.
Qu'ay-je fat pes avey merita qui me change ?
Ie ne fçavo d'avey amoindri fe loüange,
Pot-eftre que voulan fara la veneifon,
Eill'ay prey en deipit me folaftre tefion,
Toutefey je n'en pouvo accufa que la tara,
Queilliet, comme celleu qui dedin l'eyga clara
Se neit, miraillan l'ombra de fon printem.
La vanita la pert. Hela ! deipeu lo tem!
Que no joüavon tant à d'extella bombella,
Ie lui ai que trop dit qu'ell'heftiet la plu bella.
I n'at, i n'at de ley que trop bonn'opinion :
Mais (laffer) per ploura ne me faut point d'ignon.
Lou dou rut de me plou neyon toura ma venua,
Per ne veyre ceu tort inco que la reveuna
D'un million de foufpi (lou foudat de mon cour)

Se fasse per dreſſié lo combat à l'amour,
Et vengié lo meſpri que de ley je recevo.
No, no, puis qu'en cecí un deipit je concevo,
Et que j'aí lo ſujet d'un vray reſſentimen,
De ſa legereta é faut que promptamen
l'aleiſo decoiſié cella Nympha qui l'onda
Eicoute murmura de ſa coiffura blonda.
Ie lui reprochirey juſqu'u moindre preſen
Que je luy ai donna, per porta ſur lo ſen :
Que que diſey l'ingrata é faic que lou luy raclo.
I me tournarat tou, ou je farey miraclo,
Et pui quand l'on debvrit machura lou papié,
Celleu qui m'at çoupa l'herba deſſou lou pié
En aurat' to ou tard, ou je morrey ben jœyno :
Si n'ét ben troqua, lo feu de Saint Anthœyno
Bruleiſe ma cabane, œy je luy bailharey
Vn tau cop per darrié, que je l'aſſoquarey,
Et pui quand je l'aurey accapa de ma borna,
Ie m'en irey cach é din quoque calaborna.

COMPLAINTE DE IANIN.

Que farey-je pouret,
  Puiſque l'amour m'ét aygro,
Comm'un aren ſouret
Ie vœy devani maigro :
Mon arma deſſola
Ne ſe pot conſola.

  V ven de mou ſouſpi,
Perdan ma tourtourella,
Mon groin vat mieu flappi
Que flou briſia de greſla :
Et mon cour marfondu,
Vat eſtre tou fondu.

¶ Je feu dezeretta
De touta l'esperanci,
Gnat point de pouretta,
Ni mefme de fouffranci
Si granda fur lo cour
Que la perta en amour.

¶ L'air debvriet s'embrunchié
De ma mina malada,
Et tou cettou rochié
Qui ont prey la pellda,
Debvrion plein de chalou
Fendre de ma doulou.

¶ Mais l'air s'en éclaircit,
Et fat rire fa faci
Et lou rochié maffit
Ne me montron que glaci.
Tout jufqu'u animau
Se mocquon de mou mau.

¶ V lieu de fare un rut
De me plou, qui fen cessa
Coliffe avec un brut
V pied de ma maittreffa.
La terra apra defour
Le bet comm'un rafour.

¶ Puifque de tout fecour
L'efperanci m'eft adverfe,
Faut que j'ayo recour
A la mort qui tou renverfe,
Auffi ben je feu là
D'avey tant barrula.

¶ O mort que j'ay chufi
Per ma granda medailli,

Et qui fat tout musi,
Vin seye de ça dailli,
Lo si prin de mou jour,
Vengi-me de l'amour.

ACTE TROISIEME.
SCENE PREMIERE.
THIEVENA. PIERO.

THIEVENA.

Piero reposa-vo eyet mezeu lo tem,
Veyan que vostron cop ét defour du chautem,
Et qu'u ne sert plu ren qu'à le goutte dey pongi,
Voz aves (Dieu marci) un baston de veillongi.
Nostra Lhauda que vet se maria ben-to
A ceu Monsieu que l'at accompagna tanto.

PIERO.

Nostra filli n'ét pa per ceu grand Gentilhome.

THIEVENA.

La vodtia-vo baillié à quoque creytin d'home.

PIERO.

Je la volo baillié à quoque travaillou.

THIEVENA.

Eill'aurat (si Dieu plaisi) quoque ren de meillou.

PIERO.

E que tu pensaria que celleu qui travaille
Ne vaut pa mey que ceu qui ne fat ren qui vaille?

THIEVENA.

Celleu qu'at ben dequei vivre sen se pena,
E't mey que ceu qui vit du jour à la journa.
Quand un home fariet lo plu vallien du mondo,
S'u n'at que son travey u l'ét (je vo répondo)
Mepreisia de chacun, si ben que vo ben mey

La logié richemen , ou n'y penſa jamey.
PIERO.

Ie veyo que Ianin lo motet de Guillaume
E't pro riche per ley , car u l'at quatro ſaume,
Quatro peire de vache , & trei peire de bo :
V l'at un grand eyſar environna d'arbo.
V l'at un bon torel per empli noſtra mougi,
Vn ano per cuvri noſtra cavala rougi,
Vn mouton aprés qui le feye vont belan.
V pren de bla , de vin per ſe nourri tout l'an :
Enfin que luy faut-to u l'et fat à la pena,
É ne lui faut plu ren que la Lhauda per fena.
THIEVENA.

Qu'u faſſe ſou ſemblan de s'en alla deſour,
Car enet pa per leu que lo pan cot u four.
Noſtra Lhauda en vou un qu'at un po meillou mira,
Et qu'aurat mieu deque la garda de famina.
PIERO.

Sarat pa ſon voley , mais ce que me pleirat,
Ie volo que Ianin ſeye ceu qu'eill'arat.
THIEVENA.

Ame-tes lou pingeon, veiqui per leu un'ala,
Penſes tes de l'avey , ma filli n'ét pa ſoala,
De s'alla jitta pur u plu biau de ſouz añ,
Eill'arat un Monſieu , non pa un païſan.
PIERO.

Ah ! je ne volo pa un Monſieu per filliatro,
Ma filli ne ſariet pui aprés qu'un emplatro,
Eilli voudriet toûjour dormi juſqu'à dina,
I ne ſariet plu ren quo me branda lo na
Quand lui commandarin d'abada noſtra boi,
Et pui i levariet la teſta comm'un'oi,

Perce que ceu Monfieu lui fariet meipreifié
Tout ce qu'eill'at apprey deffout louz alifié.
Ne me parla pa donq de fare cella pachi,
J'amarin mey avei perdu ma meillou vachi.

THIEVENA.

E faut que cellei fer quand vou ne voudria fa,
Ie fçavo mieu que vo eù fe faut arrapa.
Lon trouve ben plûto lou ben de la fortuna
Din una grand maifon, que din una cabuna.
Iamey en petit'eyga l'on ne pren gro peiffon,
Veiqui perque veyé qu'u tour de ceu garçon,
La Lhauda mau nourria devindret una grola,
Puifqu'u n'at pa deque fare ben builli l'ola.

PIERO.

Di ce que tu voudres, quand i debvriet avey
Fauta du bien du mondo é ne volo point vey
De Monfieu verchié no, car u volon (Thievena)
Eftre l'hulo per tout & n'avei point de pena,
V ne font ren tandi qu'un home fe marfont
Apprés una charroi, fe vet prou qu'u ne font
Pa mey un jour ouré qu'un jour de Pentecoure.
V mingeon tou lou bla fen fçavey ce qu'u coure.
S'y a un bon morcel é lo lour faut baillié,
Autramen u vo font fare lo cupellié,
E faut tout per Monfieu, ou voz aves la guerra,
Veiqui d'où vin que ceu qui labore la terra
E't lo plu mau nurri, & lo plu meiprifia,
Infi lo Cordanié ét lo plu mau chouffia,
Infi louz Avocat prenon prou pen'à fare,
Comme lou Procurou du public louz affare :
Mais en lou propre fat ne prenon conclufion,
Et fe laiffon fouven fleutta per foutlufion.

Ne me parla pa donq d'ellou, ni de lour gloeiri,
Ie ne volo pa vey porra una barbœiri
A la Lhauda, qui det lo chautem & l'hyver,
Comm'una filli sagi avey lo fron uver.

THIEVENA.

Voz aves biau parla, faut que celley se fasse.

PIERO.

Ie tu montrarey ben devan que lo jour se passe.

THIEVENA.

Que me montrari-vo, voz estes sen reison.

PIERO.

T'apprendray que je seu maitre din ma meison.

THIEVENA.

En ce qu'ét resolu vo ne sari pa maistre.

PIERO.

Voz auri fat sen mi quoque fourba pot-estre.

THIEVENA.

Apparillon de pia, fasson de pallaissieu,
Nostra filli ét promeisa à ceu bravo Monsieu;
Eilli porte deyja la bagua de fromaille,
E no faudrat ben to seina nostre polaille.

PIERO.

Coman, sen m'averti, sen mon consentimen,
Voz auria sarra pachi en un tau Sacramen ?
Vo m'auria meiprisia en si grande remarque,
Per le sannon quoqu'un porterat de me marque.
Terra ! sarat-to dit devan que de mori,
Que je ne sçacho pa incora ben feri ?
Per la mar, per la san, je vo romprey la testa,
Devan que seye nor vo maudiri la festa :
Car quand tout sariet fat tout se deiboillirat,
Et de vostra folli lo mondo parlarat.

Ont ey-ti l'eifronta , aussi beu que sa mare ?
Ie luy volo montra à meiprisié son pare.

THIEVENA.

Cè l'home vat sorti cella filli du sen,
La pesta crevey ceu qui noz at mei ensen.
Maugra ser du revou , u ne sat qu'u vou dire,
Si la Lhauda at promei ei ti per se deidire ?
Ei-ti per refusa son parti quand u vin ?
Celeu trafanayou ne sçat ce qu'u devin,
V ne sçat ce qu'u mache , u ne sçat ce qu'u bave,
Si je parlo de pey , u me répond de fave.
Non , je ne creyo pa que quoqne feiturié
N'aye fat quoque ren per lo fare virié,
Per ce qu'u vou baillié plûto à un manoura
Qu'à un richo Monsieu, nostra Lhauda qu'ét poura.
Et qu'u ne vet n'engun que set mieu à son gra,
Que Ianin lo vachié qui ét un malagra :
N'et tu pa four du sen ? tin-te pa de la luna,
De voulcy renversa una bona fortuna ?
Ie creyo qu'u l'ét fou , & qu'u ne guarirat
De ceu ma que lo jour que l'on l'enterrarat!
Qui n'enragiriet to u tour de souz affare,
Quant à mi aver leu je ne sçavo que fare.

ACTE TROISIEME.
SCENE SECONDE.

IAPPETTA. THIEVENA. PERNETTA.

IAPPETTA.

Comare qu'y a-to ? voz estes corrassia,
Pieto vôstron revou voz at-te rabussia ?

THIEVENA.

V m'osse ben feru s'u m'osse poi atteigne.

IAPPETTA.

V nè pot plu (so crey) ni feri ni empeigne.

PERNETTA.

No l'avon rencontra sur lo carro davat,
Marmotant de per leu, je ne sçay ont u vat.

THIEVENA.

V vat cherchié la Lhauda u boei de la communa,
Per couppa sen reison lez ale à sa fortuna.

IAPPETTA.

La vou-tes recula u lieu de l'avancié?
V l'ér donq lo plu fou que set dessout lo Cié,
Et plu deinatura qu'una vray besti brutta.

PERNETTA.

Ie ne m'eitono pa s'u voz at prei disputa,
Puisqu'u l'ét sen reison, & qu'u vat menassan
De malheur ceill' qui qu'ét sortia de son san.

THIEVENA.

D'estr'empacha de leu ma fey jen ai gran honto,
V me fat enragié, e faut que voz u conto.
Comare vo sçavez que Dieu noz at donna
Vna filli que fat ce qu'on vous sen rena,
Que ne ploure jamey, que jamey ne deipite,
Que donne de bon cœur, & que de bon cour preité,
Tout lo mondo sçat prou qu'eill'ét de bonna ley,
Ie gagirin mon pia, que dessout lo Soley
Lon ne trouvariet pa pot. estre sa semblabla.
Ine dit jamey mot quand eill'ét à la tabla,
Toûjour dreita de pon de prendre lo cu plat,
I ne bete jamey la man dedin lo plat,
Ie vo juro ma fey qu'eill'ame bèn la danci
Ou autro passa-tem, qu'un morcel de pidanci.
Per forci de chacun eilli se fat ama,

Nengun

Nengun à mon avi ne lui vou point de mà
I voz ét fi coffien , eill'at fi bonna graci
Qu'eillat rafla lo cour d'un grand Seignou de placi,
Ie vo dio talamen que ceu Monfieu la vou,
Et à quin pri que fet , mais noftron vieu revou
Ne la vou accorda qu'à quoqu'un de fa forta.
O granda fachari , je voudrin eftre morta,
Ore je n'aurin pas cela melanconi.
Comare je ne fçay quinta mina teni,
Veyan qu'u ne vou pa lo bën de noftra filli,
Se vet ben qu'u n'ét pa bon Pare de familli :
Car fi de fouz efan u l'aviet quoque foin,
V lour témoignerit fon amour u befoin.
Mais de rën ne lui chau , u vout qu'y fet vacheiri,
V la vou hazarda, ey traffan fa vercheiri.
I'en ai lo cour ben gro , j'en fen ben irrita ;
Dite me vey un po , qu'ariet-tes merita ?
D'eicagnié ceu Monfieu, qui ame tant la Lhauda ?
D'avey contra lo groin un baffin d'eiga chauda.
V fariet fon devey d'apprendre à ceu revou
Que de voley fa filli u lui fat trop d'honou.

IAPPETTA.

Faut que dui lo cervel u l'aye quoque tara,
Puifque fon jugimen court infi la tantara,
Et qu'u ne cogneu pa que per voftron rèpu
Ceu mariageo vin du Cié ben à prepo.

PERNETTA.

E fariet lo vray ca per emmanda la pena,
Si un Monfieu perniet voftra Lhauda pourfena.

THIEVENA.

Noz en vivrion tou dou davantageo dix an,
Perçe que lo pleifi noz iriet amufan,

E

Et que sen couri plu aprés ce qu'on affane,
No laissirion passa per un mey cinq semane,
Que no manquariet-to ? toûjour nostron dina
Sariet prest aussi-tost aprés lo deyjuna.
No ne pidansirion que de bona volailli,
De builli, de ruti , de chappon , de palalli.
Dieu sçat , si lou patié , & si la veneison
Manque jamey dedin celle bonne meison.
(La bon'eiga toujour se trouve ver la soursa)
No ne metrrion jamey la man dedin la boursa,
Comme font en tou tem lou pouro meinagié,
Quand faudriet achita quoque ren per migié.
E noz entrairiet ben , mais ceu fou adverseiro
Ne se vou pa servi du bonheur necesseiro.

IAPPETTA.

Ne faut pa endura tella fantasquari,
E sariet à noz autre una vray mocquari.
E lo faut chapitra , & fare de la sorta
Qu'u l'entende reison , ou qu'u passe la porta.
No lo faron virié noudieu comm'un cortel,
Laissié no solamen gouverna lo batel.

PERNETTA.

V l'aurat lo cervel aussi dur que la testa,
Si u ne compren to qu'un peisson sen aresta
Que vin de bon endret , et un frian morcel
Per una filli qu'at besoin du couversel.

THIEVENA.

Si vo faites si ben que nostron Piero voillie
Fare ce que j'ai pou que la foli deibollie,
Ie m'en rivengiray (si Dieu plaist) à mon tour,
Tout ainsi que gnat poine de fey si sen retour.

PERNETTA.

Ne vo eichaufa donq quand faut qu'on se refreiche,
Qu'ei-to ce que maintin toute le Hou si freiche?

IAPPETTA.

Quoque pleivi ben douci, ou pluto la rosa.

PERNETTA.

Di pou de flappi donq é no faut arrosa,

THIEVENA.

Ie voey queri de vin du meil'ou de la cava.

PERNETTA.

I sçat ce que nofaut, que cela fena ét brava,
Vna couva n'a pa si soin de sou puzin,
Que cella bonna fena at de tou sou veizin,
I ne regarde ren una personna dorchi,
Quand i mige son ben, perce qui n'ét ren porchi,
I n'at ren que set seu, comme nostron garçon,
Sa filli la terrat en toute se façon.

IAPPETTA.

E't ben vray ce qu'on dit, du pied, ou de l'eipala,
Ou du groin, lo pollien ressemble la cavala.
Sa filli ne sarat jamey sarra parat,
La mare de chacun a toûjour fat eitat.
La filli fat avoey à chacun bonna mina,
Ma fey fat bon avey una tala veisina.

THIEVENA.

Asseton-no Comare, & beuvon entretan
Que lo bon esperit no vindrat u mitan.

IAPPETTA.

Veyci nostron vray ca per fare de chicole.

PERNETTA.

Je voy prendre cetteu, dé pou qu'u ne s'envole.

E ij

I A P P E T T A.
Non, vo ne mourri pa eujourdeu ni deman,
Car voz avés lo souflo auſſi bon que la man.
                P E R N E T T A.
Per vivre plu long-tem faut que dinſi je paſſo
Toute ma fachaii, & que ce que j'amaſſo
Per ala verchié no , paſſe per avalon.
Lo bon vin fat teni chacun ſur ſou talon.
V revicolariet una perſonna morta.
Ie trovo qu'u me rend de jour en jour plu forta.
V me fat eicracliié , u fat mouri lou ver
Que me piquon lo cour , & jamey à rever
V ne me fat tomba , incora que jen bevo
Mey que fena que ſet d'icy à Saint-Eygrevo.
Et je creyo que quand j'en chicholarin mey
Qu'un portafey ne fat , je ne charrin jamey.
Comare vo ſçavé que je ne migeo gueiro,
Mais à chaque bocon é men faut un plen veiro.
l'amo mey migié po , & bere plu ſoven,
Maque ne ſet pa ren d'eiga ni de coven.
                T H I E V E N A.
En bevan, deviſon (vo vené de la villa)
Que dion ti de nouvel chié la dana Sibilla ?
                I A P P E T T A.
Que noz avon la pey pot-eſtre per cent an.
                T H I E V E N A.
Tant mieu, eyet tanto prou brut du patantan.
                I A P P E T T A.
Lez arme ſont u crot, lou ſoudar ont la caſſi,
Et le gen en repo , voyanton la cocaſſi,
Chacun ſe regaudit , gnat petit meinagié
Qui din lo paſſatem ne voleize nagié,

Lon n'y ot que chanson, que violon, que sonnette,
Lo mondo ne s'y plait qu'à conta de sornette,
Et lou gallabontem n'y font que lenterna.
Gnat catro ni canton que sur la verpeina
Ne set plen de le gen qui sont de trop de resta.
Et se cogneu entart que parren de la pesta,
Inco qu'eilli louz'at racla à cha millié,
Car ley boulique tout ainsi qu'un firmioulié.

PERNETTA.

A mon avi le gen i son pro de fanfare.

IAPPETTA.

Iamcy u grand jamcy ne s'en ér veu tant fare.
Per place lon ne vet ren que de Batelou,
Qui farceyon si ben, que gnat n'engun qui poeisse
S'engarda de pissié (de rire) sur se coeisse.

THIEVENA.

Celley me fat gro ben du entendre conta.

IAPPETTA.

Le grand Dame se font jour & not charronta
A la charreiri nova en tirant vers Traclourra.

PERNETTA.

Celle Dame parey sinton-ti ben la pourra ?

IAPPETTA.

Si lour habillimen n'aviet bonna cintou,
Lour estafeire qu'ont souven u cu la tou,
Et qui de pou de brut eitranglon le vicine,
Pendrion tout aussi-to le gen pér le narrine,

THIEVENA.

Ie creyo quand i sont ensen que tout tralut.

IAPPETTA.

Tala porte sar ley mey de millé tulut.

Et s'eiparpallié tant, per montra qu'eillét blanchi,
Que la bouchi du cour ét defour touta franchi.

THIEVENA.

Le mouche & lou ravan le debvon ben piqua.

PERNETTA.

V sont deſſu lour pel jour & not appliqua.

THIEVENA.

Ne ſe parle plu ren de quoque biau mariageo ?

IAPPETTA.

Faut ben que lou Monſieu ſe marieiſon un viageo,
Mais de prou egnat qu'un que poiſſeiz'emporta
La Dameiſella qu'at lo groin ben chapota.
Céu iqui que l'aurat chantarat ben goguette,
Veyant u prés de leu ſe bellez amourette.
Louz autro jitarion (comme fille attrapey)
De latima duz eyu groſſe comme de pey.
Ie voudrin de bon cour per lou tirié de pena,
Que groſſe (comme ley) una demi douzena.

PERNETTA.

Den la villa gnat prou per lou défeceyou.

IAPPETTA.

Prou d'autre belle flou contenon lou ſeyou,
Aprés qu'on a culli u mey de May la roſa:
Mais talou amoirou ne pouvon avey poſa,
Aprés qu'u l'ont perdu una ſi bella flou,
Car u ne trovon ren de biau ni de meillou.

THIEVENA.

Qui fa-to mieu chanta lo cocu din la Villa ?

IAPPETTA.

Tala qu'on cret que ſet la fena plu abila,
Qui s'en vat u Sermon, ou ben à l'Hoſpita,
Aprés qu'à ſon honou eill'at prou repita.

Tala cuvre fon fen d'una tela d'Holanda,
Qu'at de gran chapelet plu long qu'una garlanda,
N'et pa defour du lieu où lon fe pot meila,
Qu'avet fouz amoirou, y vire la peila.
Tala devan le gen fa la fancta cifogni,
Qu'engreiffe fon archet de bona galafogni.
Et tala cret avoey d'eftre ben à cachon,
Que tout lo mondo montre u dey fon banichon.
I: vo dio ben que gnat qui fauton fur le couche,
Qui font eicerveley comm'un patié de mouche,
Qu'on cret que lour trafit ne va pa fagimen,
Et fon fage pamoin, felon mon jugimen.
Ie penfarin pluto ma de fez eigue-morte,
Que de celle qui vont courant defour le porte.
Toutefey je me penfo un ça que fe verrat,
Qui ben farat u mondo un jour u trouvarat.

PERNETTA.

Perque de Ridelet parlon-ti à Grenoblo?

IAPPETTA.

Perce qu'u l'ét en tout vilain comme Deunoblo.

THIEVENA.

Eyet un Procurou je n'u offo pa dit.

IAPPETTA.

Per ne payé jamey u pren tout à credit,
Egnat pa cabaret qu'u n'y fet à la tailli:
Son nom & fon renom font per tout en batailli.
Veyé chié Petit qu'at bonna mina bon jeu.
Chié la Clochi qui mer fa fena tout'en feu.
Chié lo petit Bonnet que vou fare lo Coffio,
Qui fat toute fe fauffe a maré comme toffio.
Chié la Grilhada qu'ét un recagni mey jour,
Qui rechagne cho leu tout lo fen cor du jour.

E iiij

Chié Lhaudo lo Vilain, ou son nevou qu'icoute
Le chanson, quand che leu l'argen plot ou deigoute,
Chié maistre Barselet rey du petit patié.
Chié Pistolet qui ét bon drollo en son meitié.
Chié la Gueina, à qui una gandola raza
Vin mieu qu'un abit de cadit ou de raza.
Chié René, qui n'at pou de mouri de sey,
Insi que font trey fille u ban de mauconsey.
Et chié la Tiri-vin qui per creitre se vente
Tin u gra du meyna le plu jouillié servente.
Chié Payerna qui fat à la tabla ronfla
Tou cellou qui Tané yolon écornifla.
Chié Lhaudo de Pari qui tin defour son vaudo
L'eipeya deigueina per menassié Iean Lhaudo,
Chié Giraud qui n'ét pa à la tabla gauchié.
Chié Rivet qui ne pot avala sen machié.
Chié Estienne qui ét u jeu de l'arc lo maistre.
Chié Sainctonge qu'at pou de l'aspergei du Prestre.
Chié Na de Pistolet, qui s'ét brula lo na,
Et qui contra le gen ne fat ren que rena.
Chié maistr'Ambroy qui tin lo pogeo à la centuri,
Tandi que l'apprentif pique de la larduri.
Chié lo Richo, qui fat un dieu de sou eicu.
Chié Gabriel qui tin lo poignard sur lo cu.
Chié Iaque du Fessou, qui voudriet vey sa rossi
Dedin quoque pertu, ou dedin quoque bossi.
Chié Guillet qu'at toujour l'appetit ben euver.
Chié Molard, qui n'at pa besoin de malhiver.
Chié Abran l'eiguenau, qui voide ben la tassa,
Et qui fat de Careyma una Dimenchi grassa.
Chié l'Hosto du Murié, qui avec grand honou
Retire lou juy ou berlandié chicanou.

Chié l'Hoſto de la Vachi, à qui la Peyronnella
Chante qu'u l'at ben fat, de not en ſentinella.
Chié Saumur, qui la not dedin un tombarel
Fat charunta ſouz hoſto u fond de Merdarel.
Chié Cormié qui ſouven s'endor ſur ſa chichola.
Et chié Deſchans qui ét duz hoſto la pichola.
Enfin ceu Ridelet, ceu maleytru gonel
E't machura per tout comm'un raclafornel.

T H I E V E N A.

E ſon dam perqu'eytes toujour din le taverne.

I A P P E T T A.

Vn lou qu'ét eibruda ſe cache din le verne,
De meſme leu, à qui chacun fat la bayat,
Cacha u cabaret, bet comm'un Savoyat.

P E R N E T T A.

V fat ben inco pi quand u l'ét à Valanci.

T H I E V E N A.

Laiſſon-lo donq alla à quatro pied ſen lanci.

P E R N E T T A.

A perpo, gnat-to poin inco d'auliamen.

I A P P E T T A.

Tout at eira ſi chier, qu'on n'aviet ſolamen
Per cinquante-cinq ſou la quarta de la ſegla.
En ceu tem malheirou falliet vivre de regla.
Mais lo tem ét venu que no faut jour & not
Fare lou plen peyret de crozet & de gnot,
Et per de gro torteyu aiſlora la farina.
Ne faut pa l'eitarba comme la Catharina,
Puiſque la flou du bla ne coute que vingt ſou,
Banquetton ſouqua ben, briffon à noſtron ſou.
Laiſſon à noſtron chin reſte de noſtre groute,
Quand u vin ne faut pa regarda ce qu'u coute.

PERNETTA.

Quand lo pot du meillou contariet un florin,
Per en bere à mon fou je me deichauffarin,
I'engagirin mon pia, mon fouda, & ma cota.

IAPPETTA.

I'en autin à cachon toûjour quoque picota.

THIEVENA.

Ma que lo mauvey tem ne faffe plu de ma,
Per quoque po d'argen fe pôrrat prô chima.

PERNETTA.

Que qu'u coutei faudrat que dinfi je m'eichaudo,
Lon trove per d'argen de fiblet à faint Lhaudo.
Laiffon lo penfamen u darrié que mourrat,
Et bevon folamen randi qu'u durarat.

THIEVENA.

Allon-noz-en enfen, levon ben lo cu, hauta,
Faffon toute fi ben que gnaye point de fauta.

PERNETTA.

Comare quiat-to ? vo ne ditte plu ren,
Povez vo pa forti de voftron differen ?

IAPPETTA.

Comare ét prou parla , faut pa tant de parole,
Quand faut fare d'eiponge ou pluto de chicole.

THIEVENA.

Chicola ben comare , afin que vo difi
Son ca à ceu tuppin , qui me fat deipleifi.

IAPPETTA.

Deipachon , avalon inco cetta piroula,
Per no chaffié du eyu tout à fat la nievola.

PERNETTA.

Allon ore fçavey que dirat ceu veillar,
Tandi que noz avon l'efperit ben gaillar.

ACTE TROISIEME.
SCENE TROISIEME.
AMIDOR. LHAUDA. JANIN.
AMIDOR.

QVel triste changement vois-je sur voftre face ?
D'où vient que fous les pleurs vôtre clarté
    s'efface ?
De grace, dites-moy (Bergere) d'où ces pleurs
Procedent, pour ternir de vos joües les fleurs.
Vous ne répondez rien : Quel accident s'oppose
A la felicité que l'amour nous propose ?

LHAUDA.
Me fâche ben, Monfieu, mon Pare at refolu
De me donna à céu Ianin lo deiffolu.
Mais autant que tourou, j'amarin mey per home
Iean de Lali qui prefche u four ont'u s'eytrome.

AMIDOR.
La navire où je fuis flotte bien loin du port,
O Dieux! que je reffens de maux par ce rapport,
Voftre Pere veut donc qu'un malheur nous separe,
Cela fe pourra-t'il contr'un amour fi rare ?
Non, je ne le crois pas ; car nous ferons plus forts
Que luy, pour r pouffer fes injuftes efforts :
Si voftre foy fe rend un rocher auffi ferme,
Que mon amour conftant qui n'aura point de terme.

LHAUDA.
Teniffe-to qu'à mi, ce que voz ay promey
Sariet tot, mais (laffet) je n'en povo pa mey,
Mon Pare ne vou pa que vo feye tout mieno,
V ne fçat ce qu'u vou per leu, ni per lou fieno.

AMIDOR.
Voftre Pere ne peut bannir mon amitié,

Car vous tenez mon cœur, mais pourquoi sans pitié
Défend-il à vos yeux de m'estre favorables ?
Si les maux que je sens, sans vous sont incurables ?
Pourquoy ne veut-il pas que je sois voſtre époux ?
Doute-t'il que je n'aye aſſez dequoy pour vous ?

LHAUDA.

No ren, mais je ne ſçay ce que ce l'home broge,
D'un ſoufflet u ma fat veni le jaute roge,
Comme ſi j'avin fat quoque foli du corp,
Perce qu'on lui a dit que noz eſtion d'accord.
V me fat mey pati qu'un forſat de gallera,
Ma mare contra leu s'en confle de collera,
Et per l'amour de no le fene d'ici prés,
Tout lo ſen cor du jour lui ont eita aprés.
Mais dedin ſon cervel teitu & opiniatro,
On ne pot imprima un Monſieu per filliatro.
V l'ame mei quoqu'un qui ſçache de l'euillon
Ben piqua lo grivel, lo jay, lo parpaillon,
Et champeyé lou lou ben loin de noſtre feye,
Monſieu, j'ay grand doulou que tout lo módo veye
La foli de mon Pare, & que per vo quitta
Ma faille (maugra mi) eſtr'à ſa volonta,

AMIDOR.

O malheur ſans pareil, faut-il que d'un tel Pere
I'épreuve le mépris ſur le point que j'eſpere
D'eſtre felicité de quelque bon accueil ?
Faut-il qu'un deſeſpoir me renverſe au cercueil.
Belle, voulez-vous bien m'abandonner aux larmes,
Aux ſanglots, aux regrets, & aux dures alarmes
De la mort, pour ſouffrir tel injuſte courroux
D'un Pere, qui pour nous n'exercò rien de doux.

LHAUDA.

Ie ne voudrin pa fou que la moindra larima
Vo tombiffe duz cyu , je chayo de la cima
De quoqu'abro pluto, que fi lo moindre ma
Vo veniet folamen per m'avcy trop ama.
Me fache mey qu'à vo de perdre ce que j'amo,
Mais vo fçavez' Monfieu)qu'aprés celeu qu'ét l'amo,
Mon pare ét lq premié que je debvo fervi.
Ie ne povo donq ren fare fen fon advi,
M'ét forci quand u criet de j gne lez cipale.
Outra celey veyan que j'ai trop courtez ale
Per m'envola fi haut , é m'y fat ben fongié,
Pleitadieu de bon cour , que vo fuffia bergié,
Mon pare incontinen voz iriet à l encontra,
Et farion tou per no cellou que no font contra.

AMIDOR.

Ie voudrois d'un troupeau eftre le vray tuteur,
Pour emporter le prix d'un loyal ferviteur.
Mais ma condition n'eft du deftin l'ouvrage,
Que pour eftre fans fin expofé à l'orage.

LHAUDA.

E ne faut pa penfa,que lou peu pendolan,
Ie forto de chié no devant la fin de l'an,
Que per quoque Bergié qui gagnirat mon Pare :
Mais qu'au que fet, de mi u n'aurat pa copare.

AMIDOR.

Mais cependant je vois mon efpoir condamné,
He dieux ne fuis je pas moins heureux qu'un dáné.

LHAUDA.

Ne voz metta pa tant celley din la cervella,
Gnat ren de bon guari qu'una playi nouvella.

AMIDOR.

Me parler de guerir c'eſt m'oſter le ſecours,
Ie n'en puis plus, le mal me tranche le diſcours.

LHAUDA.

Ie creyo que ceci ne ſarat pa de moque,
V l'éſevanaüy lo deſpleiſi l'aſſoque :
V l'at de forci autant qu'una pata molliat,
Luy faut viro jita d'eyga avec un folliat.
Volé-vo ben (Monſieu) afin que je tothbeiſo,
Mori entre me man ore que je vo beiſo ?
Parla-me, donq un po ? eyet pro ſouſpira,
Voz auri à la fin ce que vo deſita.

AMIDOR.

Voulez-vous à la mort diſputer la victoire,
Ce ſeroit mé ravir la plus inſigne gloire.

LHAUDA.

Ne parla ren de mort, j'amo mieu vey lou vi,
Baillié-me ſou la man, & allon prendre a vi
V pied dë ceu fayar tout frizonna de mouſſa,
Comme no chaſſiron dé noſtrouz eyn la pouſſa.
Aſſeton-no icy, & prenon la freichou,
Tandi que lo Soley bucle tou juſqu'a chou.
Iĕ me ſeu aviſa (inco que mal appreiſa,)
Que per veni à bćut de noſtron entrepreiſa,
E faudriet que veitu comm'un genti bergié,
Vo veniſſia deman dedin noſtron vergié,
A l'hora que mon pare eiçoute ſur ſon agi
L'izel que je vodrin teni dedin ma cagi,
I qui faiſan ſemblan de cherchié qu'oquarey
Eigara du tropel, qui n'at pa ſon parey.
Et pui de po à po de parol'en parola,
Vo mettant plu en trein qu'un borlio ſur ſa viola,

Vo ventaria souven tou ce qu'u l'at plantá,
Lou pommié, lou perié qu'u l'at si ben enra.
Sou prunié qui n'ont pa una meichanta rama,
Et sou biau cireisié, sen deisala la gama.
Adonqua de plaisi vo lo faria saura
Comm'un jocino mouton, qu'at envey de jouta.
V l'auriet si grand joey de voltra cogneussanci,
Que luy sariet avi qu'u reprendriet naissanci.
Voltron francillimen (langageo ben pigna)
Lo fariet jaqueta, insi qu'un geay deigna.
V voz entretindriet du siego de la Mura,
Du ma que lou Carvin firon à noltra Cura,
Duz Suisse grosse gen qu'ont la testa d'un vel,
Qui furon tout deifat entre Euriageo & Reveli
Et de la pou avoey que firon le chatagne,
V tem que l'ennemi couriet per le montagne.
V voz attireriet, & vo l'enjoularia,
Quand à son taborin vo voz accordaria.
Ma mare d'autro Han ben fait'u badinageo,
Ioüiriet comme faut per no son personageo,
Si ben que no porrion sen plu granda chanson
No prendre, & jita lo froc sur lo boisson.

AMIDOR.

Salutaire conseil tu restablis ma force.

JANIN.

I'entend'ilay quoqu'un qui de parla s'eiforce.

AMIDOR.

Belle de voltre avis je suis trop satisfait,
Car voltre volonté ne doit rien à l'effet.

JANIN.

Per le marnon eyet céu qu'embrasse la Lhauda,
Tu t'en mordres lou dey vileina china chauda.

LHAUDA.

Ma que vo deguifi lo ca de voftron flan,
Per marchié pui per tout noz auron lou pied blan.

AMIDOR.

Ie fuivray cét efpoir que vous faites renaiftre,
Plus joyeux qu'un captif qui trouve fa feneftre,
Afin que vous voyez, en quittant les vergers,
Que ma feinte n'eftoit qu'en l'habit des bergers.

LHAUDA.

L'affare eirat prou ben, prenes fouqua courageo.

JANIN.

Ie crevo de deipit, de collera j'enrageo.

AMIDOR.

Le courage eft à ceux qui fe voyent fecourir,
Lors qu'ils font fur le point de vaincre ou de mourir?
Ainfi fous vos faveurs, dont mon ame eft ravie,
Ie vaincray le malheur, ou je perdray la vie.

JANIN.

Quey-ro ce que me tin que je n'alo d'un cop
Eicervela ceu bougro, ou luy rompre lo cot?

LHAUDA.

Egnarat que Janin que troubleize le nopce.

AMIDOR.

S'il y penfe à mes pieds il trouvera fa foffe.

JANIN.

Faquin qu'at lo courageo auffi fret que lo glat,
Ie te farey fenti ma franda ou mon eyglat.

AMIDOR.

D'où vient ce coup de pierre, y a-t'il quelqu'ébuche?

LHAUDA.

Sen douta ceu Janin cacha derrié le ruche,
A frandaya ceu cop de mala jaloufi.

JANIN

JANIN.

Voſtron pan à la fin ſe trouvarat muſi.

AMIDOR.

Où eſt-il ce pendart, oſeroit-il paroitre,
Ie crois qu'il eſt hardy côm'un Moine en ſon cloitre.

JANIN.

Ie creigno ſon eſpéa autant que ſon fourrel,
Et je me chau de leu autant que du Borrel.

AMIDOR.

Le feu de mon courroux me rend la face rouge.

LHAUDA.

Tornon-noz aſſetta gnat perſonna que bouge.

JANIN.

Vo voz accoubla ben, mais teſta d'un linot,
Ie vo decoublarey devant que ſeye not.

AMIDOR.

Maraud, qui que tu ſois, tu conſpires ta perte,
Où es-tu, viens à moy, ma poitrine eſt ouverte.
Coquin, tu n'oſerois ſoutenir cét affront,
Ton courage eſt caché auſſi bien que ton front.
Ialoux, puiſque le mal de l'envie te preſſe,
Tu devrois avoir peur d'offenſer ma maitreſſe.
Attache-toy à moy, ſors de ce lieu ſuſpeſt,
Si ta rage ne peut obeïr au reſpeſt.

LHAUDA.

Retiron-no d'icy de pou de quoque piera,
Vn meſchen cou abat l'audaci la plus fiera.

AMIDOR.

Ie n'apprehende rien qu'un ſiniſtre accident,
Dont vos beaux yeux pourroient pancher à l'occidét
Car d'un coup inhumain vous pourriez eſtre atteinte
Retirons-nous avant que la terre ſoit peinte

F

D'une même couleur, j'espere que demain
Ce rustre sentira le fardeau de ma main.

JANIN.

Vo vené per lou bœy que la mana arrose,
Mais voz i trovari d'eurtié mey que de rose.
Vostrez amour faron comme mi petafin,
Et comme lou peisson qui suivon lou Dauphin.
Ie farey, je farey en tant de licu de trape,
Que faudrat qu'en passan l'un de vou dou s'attrape.
Vo ne trovari ren de sado ni de dou,
Me crevarei un eyu per voz en creva dou.
I'eimussitay lou chin contra vou (leyda coubla)
La fontana per vo sarat à la fin troubla.
Je farey en façon que vo vo quittari,
Ie volo contra vo usa d'enchantari.
Ie vœy de cetteu pa trova la feitureiri,
Qui u petiz efan fat pou per le charreiri,
Qui fat pissié le gen contra la traveison,
Et qui fat de per ley tou lou jour reveison.

CHANSON.

BErgere, je suis si content
De voir dans un'ame nos ames,
Que mon cœur n'est point repentant
De l'avoir preferé aux Dames,
Puisque tes regards amoureux
Veulent que les miens soient pour eux.

¶ Inco ben que vo me flatta,
Monsieu, en vostron amitanci
Vo ne sari pa barata,
Car j'aurey per vo de constanci,
Mey que le Dame qui d'amour
N'ont solamen que per un jour.

¶ La conſtance n'a point d'autels
Que pour l'offrande des fidelles,
Iamais les amours immortels
Ne ſortent de ſes citadelles ;
Ainſi mon amour & ma foy
Seront toûjours fermes pour toy.

¶ Comme lou dou dey de la man
Vivon louz amoirou fidello.
Et comme lo fer & l'eyman,
Iamey u ne ſe groſon d'ello,
Ni ne povon ſe vey de loin,
Tant l'un at de l'autro lo ſoin.

¶ Iamais la ſeparation
Ne fait deux vies de leur vie,
L'un perd la reſpiration
Quand l'autre meurt, car leur envie
Ne s'allume que d'un flambeau,
Et ne s'eſteint qu'en un tombeau.

¶ Amour de dou cour en fat un,
Mais d'un u ne pot fare coubla :
Entre louz vraiz Aman nengun
N'a dou vouley, ni l'arma doubla :
L'un fat tout ce que l'autro vou,
Car u ne ſont qu'un ellou-dou.

¶ Ainſi ton deſir eſt le mien,
Et de tes ſoupirs je ſoupire,
Tu es à moy, & je ſuis tien,
Parce qu'amour tient ſont empire
Au milieu de ce cœur parfait,
Que noſtre volonté s'eſt fait.

¶ Beiſon-no donq ſen fare ma
Comme l'honou no recommande,

Et nostron amour affama
Aura lo pleifi qu'u demande ;
Lo baifié à l'amour fouzrit,
Et l'amour de leu fe nourrit.

ACTE QUATRIEME.
SCENE PREMIERE.
PIERO.

QVe farat-to cecy, tout lo mondo me piche,
Ma fena contra mi de mal en pi s'affiche,
I brut mey qu'un molen qui ne pot tempora,
Ma filli d'autro flan ne fat ren que ploura.
D'un flan l'on n'ot que brut de la Dana Pernetta,
De l'autro que caquet de la Dana Iapperta.
Maugra non de le fene, i me font enragié,
L'una me romp la testa, à poin de m'outragié :
L'autro ne cherche ren qu'a m'eimoda querella,
Ma fille maugra mi vou estre Dameisella,
Et u lieu qu'y devriet en estre marcora,
Ie crey qu'y fe treirat lou douz eyu de plora :
I'ei biau la menassié, à toute fine force,
Eilli vou ceu Monsieu, que per l'avey s'eiforce.
Ii ne sçay que cecy farat quand farat cot,
Egnat pa plu moyen d'endura ceu tricot.
Vo diria que chié mi y at quoque miraclo,
Ou que quoque enragea y fat lo demoniaclo.
De tou flan tiquetac, patati, patatau :
Lo brut d'un Martinet ne pot pa estre tau.
Egnat qu'enfer u prés de celle japparelle,
Ne fe vet-to pa ben qu'elle font farfarelle,
Voley qu'un pourofet biau pare d'un Seignou,
Qu'a Graifivodan n'at pa fon compagnou,

Qui me meiprisiriet & cellou de ma raci,
Si tot que m'avindriet quoque moindra deigraci.
Queque j'en ayo dit i volon gouverna,
Lour carcavelamen me fat deicreitina :
Ma fena qui devriet m'estre la plu paisibla,
E't cella que se rend contra mi plu terribla,
I dit que si je foey à ceu Monsieu refu,
Iamey à sa colagni i n'attachirat fu.
Que jamey à dina i ne me farat soupa,
Qu'y ne versarat vin , ni eiga din ma coupa.
Marmorarat toujour son benedicité,
Qui farat per deipit tout à rebucité.
Qu'y ne m'apprestarat ren de bon ni de sado,
Et qui me laissirat quand je saray malado.
Celley me fat pensa à ce que je faray.
Per avei verchié mi la pey quand j'y sarey.
Ie viro comm'un sou qu'on jette à croy ou pila,
Me faut prendre consey de quoqu'un de la Villa.
Chacun dit que Gondran ét un home qui sçat,
Per conseillie le gen , de Latin un plen sac,
Ie m'en voey lo trova, per sçavey de sa scienci,
Si je sarey contrain de prendre pacienci.

ACTE QVATRIEME.
SCENE SECONDE.
AMIDOR.

Maintenant sous l'habit d'un Berger amoureux,
Ie trouve que les cháps n'ót rien de rigoureux,
Et que ce beau tapis (dont la terre se couvre)
N'a rien de laid que lors que l'Hyver la découvre,
Dans ce lieu bigarré, les amoureux Zephirs,
Pour éventer les fleurs, empruntent mes soupirs,

Les arbres sont garnis des feüilles maquerelles,
Pour couvrir les baisers des chastes torterelles.
Icy les rossignols, linottes & pinsons
Ne parlent de l'amour qu'avec mille chansons.
Et de tous ces ruisseaux les ondes sont discrettes,
Car elles parlent bas de leurs amours secrettes.
Icy tout est si doux, qu'il semble que le temps
A reservé ce lieu pour l'honneur du Printemps.
Les Bergers sont heureux, qui dans cette demeure,
Au bien qu'elle produit ne perdent pas une heure.
Et ceux qui ne seroient jaloux de leur plaisir
Seroient (comm'un rocher) sans ame & sans desir.
Toutefois quoy qu'icy mon esprit se delecte,
Ie n'y ay point changé mon épée en houlette,
Afin d'y savourer les plaisirs d'un séjour :
Mais pour plaire au Soleil qui me donne le jour.
Ce n'est point pour chasser sur les bords de l'Izere
Les loups, qu'un bon pasteur reduit à la misere,
Mais pour y moissonner les fleurs avec le fruit,
Et le contentement d'une nopciere nuit,
D'autant que mon rival se brule à la chandelle,
Me voicy donc Berger hypocrite & fidelle,
Mon habit & ma foy le témoignent assez,
Amour trop inhumain autheur de cét excez,
A quel point reduis-tu ceux qui te font hommage?
Tes loix n'en fôt que trop la preuve à mon domage.
Mais pourquoy murmurer contre le beau dessein
De ce Dieu que je porte au centre de mon sein ?
S'il faut que Iupiter sous ses loix se transforme
En cigne, & en taureau, ou en quelqu'autre forme,
C'est se montrer ingrat sous la temerité :
Amour, pardonne moy, si je t'ay irrité,

Puisque par ton moyen ma raison est perduë,
La grace au repentir n'est jamais deffenduë.
Sois-moi si bon Pilote en cette longue mer,
Que je puisse gouter le doux aprés l'amer.
Il est temps de voguer, le malheur ni l'orage
Ne peuvent empêcher l'effet de mon courage.
Il n'y a qu'un vieillard qui se puisse opposer
Au port de mes desirs, mais pour le disposer
A me tirer des flots cruels à mon martyre,
Ie vay le voir au lieu où le charme l'attire.

ACTE QVATRIEME.
SCENE TROISIEME.
JANIN. LA SORCIERE.
JANIN.

Dana qui devina ce que se dit & fat,
Qui faites deveni prou de gen contrafat :
Qui aprés lou meina faites couri le fille :
Qui conjura serpen, cocoarez & chanille ;
Qui faites renversa tout sen-dessu dessout,
Et qui faites dansié lou cayon à la sout ;
Aida-me à mes amour, ou je courray fortuna
De fare comm'un chin qui jappet à la Luna.

LA SORCIERE.
Mon efan je farey per ti tant d'oreison,
Que tu ne perdres pas lo sen ni la reison,
Quand je devrin gasta mou chandelon, mou ciergeo
Et dedin mon crusieu tout mon bon huilo viergeo.
Conta me solamen routa ta fachari :
Quin morcel sur lo cour po-tu pa digeri ?

JANIN.
Ce que j'ay à vo dire ét chosa qui m'eilance,

Et qui me pese mey que plomb à la balance,
Vo remarquari donq qu'y at cinq an entié
Que mon cour ét breya din un mêmo mortié,
Que je seu amoirou d'una qu'ét fricandella
Autant que gratiousa , & bella qu'infidella.
Qui u commenciment que noz estion solet,
Ne me cachave ren lo dessout du collet.
Sito qu'y me veyet y perdiet contenanci :
I ne pouviet avei dedin sa souvenanci
Autro garçon que mi , ni mi autra que ley,
Nez estion plus souven ensen que cey ni ley.
Nostrouz eyu se miran d'ellou se contentavon,
Comme nostrou beisié quand no louz applatavon,
No n'alavon jamey en chan sen no sonna,
En chan no no pleision tou dou à chensonna,
Comme sur lou brondeyu lo malo & le femele,
Ie fasin se virié , je fasin se parmele.
Ie lui aidavo en tout , ormi à l'eipusié,
Vray ét qui me payave aussito d'un baisié.
I'estin lo ben venu , son Pare maitre Piero
Bon homo, qu'at un pié dedin lo cementiero,
Preniet si grand plesi à m'y vey addonna
Qu'u n'aviet autr'envei que de me la donna.
Quand j'allavo chié leu tout estiet per eicuelle,
Sa Mare qui de mi fut ore le nouvelle,
N'aviet repo que quand i me veyet teni
Sa filli , qui chié ley me sçaviet reteni.
Ceu bon tem at dura jusqu'u jour que lez ore
M'ont tracassia comm'un malado qui s'eisore :
Car deipeu qu'un Monsieu, mistodin de la Cour
Lez at emburilla avec son biau discour,
I'ai apprey que la filli , & la fausse de Mare

Ne tenon plu per mi que de parole amare,
Veiqui tout lo sujet qu'ét su mon estomat,
D'où je seu plu boudra que la pasta en la mat.
LA SORCIERE.
Ne se faut pa fachié per chosa si legeiri
Veyan que ta maitressa est una messongeiri :
Mais ben un changimen lui baillé lo deisi,
Crey-me, leissi couri l'eiga avat per son fi.
JANIN.
Lo changimen ne plaist qu'uz esperit volageo,
Qui von patricotan de vilageo en vilageo
De nouvellez amour, mais un garçon rassi
Queque vo lui disi, queque vo lui fassi,
Quand u l'ét comme mi coiffia de l'amitanci,
V l'ame mey mori qu'eiberchié sa constanci.
LA SORCIERE.
Ama sen estre aina, & sena sen culli,
E't un grand despleisi qui ne pot pa failli.
Ne te metta pa donq en plu granda deipensa,
Car de talles amour veiqui la recompensa.
JANIN.
I'espero de l'avei de dret ou de traver,
Car son Pare, de qui je me teno cuver
M'a jurá sur la foi qui den son arma trotte
Qu'à la fin ceu Monsieu y brularat se botte.
LA SORCIERE.
Per te deisabusié je te volo montra
Que t'en autes lo dam que je t'ay remontra,
Regarda donq de prés dedin cella fontana
Où se vin miraillié la Dana Sarbatana.
Vey-tu pa ceu Monsieu de qui t'es si jalou,
Qui n'ét pa ren Bergié per champeye lou lou :

Mais pluto per planta u pertu son houletta,
Et fare lo poulet, aprés cella pouletta.

J A N I N.

Ie n'y veyo que trop celleu na de groman,
Et lo Pare de ley qui se tochon la man.
Que vou-to-dire iquen, sarron-ti ren la pachi
D'un mariageo maudit dont je creigno l'eitachi?

L A S O R C I E R E.

Autant ventariet-to, car tu v.y que celleu
Qu'at eita tour per ti, ét ore tout per leu.

J A N I N,

Ah, poro malheirou! seu-je pa miserablo,
Comme cellou qui sont esclavo duz Arablo?
Hela! je seu perdu, si vo no deipachié
De fare quoquaren per louz en empachié.

L A S O R C I E R E.

Tou lou Mariageo sont de meichente deiferr,
Ce qu'ét eicrit u cié s'accomplit sur la terra.
L'on at biau marmota, l'on at biau patela,
Quand lou Mariageo sont u cié tout eitela
Eicrit en lettra d'or, qui jamey ne s'eicafe,
E faut que l'opposan dedin lo golliat gaffe.
Ie n'y povo donq per enfeituramen:
Mais per lou fare haï, é faut fare autramen:
Lo jour que lo Cura recevrat lour billetta
Et qu'u l'eipousaron, lour faut noa l'arguilletta.

J A N I N.

Si la piera eimoda ne se pot reteni,
Si faut laissié alla ce qu'on ne pot teni,
Et si faut que chacun me bailleize lo sauzo,
E faut louz attrapa, é faut que je lour causo
Autant de deipleisi qu'u m'en on procura,

Vn jour u maudiron l'eitachi du Cura,
V couchiron enfen, mais jamey l'arbareita
Ne tirirat matrat, ni flefche qui fet dreita.
Vjn me fouqua trouva tanto deffu lo tard,
Ie t'apprendrey de mot qu'empachon qu'un petard
Ne pot pa enfoncié una porta qu'ét nova,
En terra d'ennemi tu en farés l'eiprova.

JANIN.

Ce qui det eipelli ne det gueiro couva,
Tanto donq fen failli je voz iray trouva,
Per apprendre à charma du baffinet la mourfa,
Et planta lo courié à l'entra de fa courfa,
Cependant bonna Marc à qui je feu tenu,
Comm'à cella qui m'at mey u mondo tout nu,
Si la pida vo pot rendre l'arma fenfibla
V déipleifi que j'ai, prefta me voftra fibla
Qui fat danfié chacun per lou fare eigruifié,
Quand u faron uprés de quoque gro ronfié.

LA SORCIERE.

La veiqui, garda bén d'en fare ton dommageo,
Adieu, n'eifibla pa de madure un froniageo.

JANIN.

J'eifiblarey pluto de bere à mon dina.
Ie feu ore proñ fort, car je póvo ruina
La battari de ceu qui cret de fare brefchi,
Et d'entra u chaftel u premié coup de flefchi.
La corda de fon arc n'ét que de fa retort,
I romprat en bendan. V païrat lo tort
Qu'u l'at fat à mouz eyu qu'eition trop idolatro,
Et tant pare que mare, & filli que filliatro
Danfiron tandi tan lo brando du Sabat,

Qu'u fumaron de chau comm'un feu de tabat.

ACTE QVATRIEME.
SCENE QVATRIEME.
THIEVENA. LHAUDA. THONO. PIERO. AMIDOR. BABOLIN. MATHIA. JANIN. PERNETTA.

THIEVENA.

MA filli faut venta tandi que lo ven vente,
Maque tan solamen la ruza ne s'eivente.
Faut fare en ceci comme lou mareichau,
Battre lo fer eiplet cependan qu'u l'ét chau,
Ton Pare & ceu Monsieu, bergié per compleisanci,
Sont entra ben avan dedin la cogneussanci,
V se sont embrassia, bra dessout, bra dessu,
En se courban plu ba que ne fat un bossu.
Et per mieu devisa de ce que lou pertoche,
V se sont mey dessout nostron noye qu'aboche.
Vo diria à lou vey en tren à caqueta,
Qu'u regardon lo jour qu'u faudrat banqueta.
Veiqui perque tandi que ton Pare ét en dansi,
E faut que nostron brando alle ben en cadanci.

LHAUDA.
De pou que n'ale dret j'en vœy touta tremblan.

THIEVENA.
Devan le gen n'en faut poin fare de semblan.

LHAUDA.
Du feu lo plu profond en sort una fumeiri,
Toutte lez ombre sont sujett'à la lumeiri.
I'ai pou que lo patié ne seye deicouver
Devan qu'u seye cot, car ce qu'ét plu couver

Se deifale toujour à Saint Iean & Saint Pierre
Eujourdeur tout ce qu'ét parle jufqu'à le pierre.

THIEVENA.

Qui deifalariet-to chofa qu'ét fi cacha,
Lo bocon paffarat , puis qu'u l'ét ben macha.

LHAUDA.

Gnat que nou trey, & leu, qu'ayon paet à la leichi,
Mon Thono garda ben de gafta noftra peichi.

THONO.

Ne me pren pa icy per un rapporta per,
Tu fça que je ne voey jamey à pied couplet :
Ne faut pa que de pour la vicina t'eimolley
Car l'affare eirat mieu que taborin à nopce.

LHAUDA.

Si quittan lo rochat, le plane, lou valon,
Ie veyo mou defi un jour à thivalon,
Iamey à ton endret je ne farey ingrata.

THONO.

Lhauda, j'amarin mieu eftre tout plen de grata,
Que fi per mi t'eftia trompa en ceu fecret,
De ce que tu m'a dit n'ayi point de regret.

THIEVENA.

Veiqui que vat prou ben, tenon fou bonna mina,
Lo plu difficil at paffa per l'eitamina :
Lez approche font feire, egnat plu ren qu'un fau
A fare , per intra din lo fort fen affau.

THONO.

Voz eft'en bian chamin, gnat que de ben s'entendre,
Tout vin (comme fe dit) à poin qui pot attendre.

LHAUDA.

Ie ne fçavo (laffet) que farat tout iffon.

THIEVENA.
Vna clochi de fonda at toûjour mêmo son,
Perqu'a-tu si grand pou ore que l'asseuranci
Te debt fare avei mey que jamey d'esperanci.

LHAUDA.
Ie sen comm'un peichou qui sur l'eiga raman
Ne tin pa asseura l'enguila den sa man :
Toutefey ne pot pa m'arriva lo semblablo,
Car Monsieu Amidor Bergié qu'ét tant aimablo,
Montre que son amour ét sen compareison.

THIEVENA.
Ore je veyo ben que t'a quoque reison :
Car en cecy se vet chosa qu'ét remarquabla,
Que son amour n'ét pa fonda dessu la sabla.
Vne se fat Bergié que pet te retirié
Du boey, où lo vachié ne pot plu t'attirié.
E ne pot donq fally que la fourba qu'u joye
Ne fass'entra ton cour en se plu grande joye.

PIERO.
Ie ne sçavo, Bergié, ce que vo m'avés fat,
Ie voudrin de bon cour n'avei autro preyfat
Que de vo reteni dedin ma maisonneta,
Car voz estes marqua d'una bona planera.

AMIDOR.
Bon Pere, dont les ans touchent mes sentimens,
La faveur que j'attens de vos commandemens,
Fait que je leur promets autant d'obeïssance,
Que de respect, selon ma petite puissance.

PIERO.
Bergié, vo me creva lo cour d'honestera,
Ie ne sçaurin, veyan la bonna volonta
Que voz avez per mi, sen vo migié ni bere,

I'en preno per témoin lo Cié qui tout abbere.
AMIDOR.
Ie suis confus de tant de protestations,
Que je n'ay merité de vos affections.
PIERO.
Leisson cellei à part, je vo juro per m'arma,
Que si nostron Seignou qui ne crain ni gendarme,
Ni canon, ni petard, ni coup de coutelard,
Et qui toute le gen tin dedin son filard,
Me donave un biau fils comme vo qui seubisse,
M'engarda que frippon jamey ne m'attrapisse,
Et garda ma meison de l'harpa du larron,
Ie sarin plu conten que lo Rey de Carron.
AMIDOR.
Vostre fill' a d'attraits, des beautez & des charmes,
Qui des mains d'ū dieu Mars feroiét rôber les armes
Vn Seigneur la recherche, & meurt en ses appas,
Vn berger comme moi y perdroit donc ses pas.
PIERO.
Ceu Monsieu qui ben loin sa Seigneuri arrente,
(Inco que lou cayon n'ont pa migea se rente)
At biau l'emburillié toujour à conseillon,
I ne portarat pa d'ale de parpaillon.
Si souqua vo voles touchié sur cella corda,
Ie voz autarei tot de devant l'eyu la borda.
AMIDOR.
Je serois trop heureux de traiter de ce point,
Mais un pareil bon-heur ne m'arrivera point.
PIERO.
Personna ne l'aurat que vo, s'y voz agrade.
AMIDOR.
Mon desir ne sçauroit monter au plus haut grade,

Et de voſtre faveur je ſuis ſi fort lié,
Que quand je ne pourrois eſtre voſtr'allié,
Ny moins par mon ſervice eſtre reconnu d'elle,
Ie ne derogeray au devoir d'un fidelle.

PIERO.

I ne ſarat qu'à vo, u vollet-i ou non,
I ne pot ren ſen mi : & pui per le marnon
Quinte reiſon que l'aye, & quintou gey qu'y faſſe,
E faut que per iqui eille paſſe & repaſſe.
Si ne fat mon volcy i verrat d'un rever,
Que je ſçavo metta mon chapel de traver.
I s'engardarat ben d'eimoucié ma collera,
I ſçat que je ſeu Piero, & non pa un Jean lera,
Creyé que ſagimen elle ſe condurat.
Allon- la donq trouva per vey s'i vo durat.
Vo verti qu'eill'ét ben jolietta & ben ſana,
Et qu'eill'ét prou jentia per una païſana :
Qu'eill'at de jugimen mey que d'un plein panié,
Et qu'eill'ét eiveillat comm'un rat de gramié :
I n'at que trop de ſen. La veici per rencontro.
Lhauda, eicouta ben cé que je te remontro :
Ie volo que cetteu qui montre en ſe vertu
Qu'u n'at pa regarda toujour per un pertu,
Set ton eipou, vouz-u ? montra-te ſen pareilli,
Parla li , ne fay pa te tirié per l'aureilli.
Et ti fena vin cey, leiſſon lou caqueta,
M'éi avi eujourdeu que je torno téta.

LHAUDA.

Vo montra ben, Monſieu, que voz eſtes lo trompho,
Car de perei à vo egnat pa à regonfo.

AMIDOR.

Tu vois que je me rens ſous tes beaux yeux, més rois,
Agreable

Agreable à ton pere , & conforme à tes loix,
Et qu'en fidelité tout autre je surpasse.

LHAUDA.

Vat prou ben , parlon ba de tout ce que se passe.

PIERÔ.

Vey-tu ben ceu mottet,u n'at pa toûjour prey
Sa via d'un mémo pan,u l'ét trop bien apprey.
V n'ét pa de cellou qui ni mousquet ni lata
N'ont porta, ni passa doley la Boisserata.
V l'at eita per tout ormy à Saint Bardot
Onte lou Savoyar font prey per de bedot.
V ne laissitiet pa ren migié sa soupa :
Quand u moyen u l'at de mouton una troupa,
Et d'autre chose à tout que je ne sçavo pa,
Si j'avin lo leisi de refare mou pa,
Ou te dire pluto, sen fare grand harengua,
Ce que din lo vergié j'ay apprey de sa lengua ;
De miraclo de leu je te recontarin.
Mais suffit qu'u me plai mieu que ceu tartarin
Qui s'ét emplumacha d'una grand feugi largi.
Autro que leu n'arat de ma grangi la chargi :
V l'aurat nostra Lhauda , eyet prou remena,
Et pui que ceu Monsieu s'aleise promena.

THIEVENA.

Ie seu de vostron flan , car se vet à sa mina
Qu'u ne se laisse pas migié à la vermina.
V se tin reblanchi, se geste, se façon
Montron qu'u ne debt ren à un bravo garçon.
Vo devé fare donq ceu Mariageo à la coita
Perce que vo sçavé que dedin una boita
Lon ne la pot teni, un pou de migeison
Fet quioquefey happi la flou en sa seison.

PIERO.

Ie n'ay pou que diquen : veyqui perque je volo
Deinichié ceu Monſieu, qu'at la mina d'un drolo,
Que luy voudriet preita un pan ſur ſa fourna :
Mais je luy farey tout avei un pan de na.
Ore je voey du pied me tirié l'eipina,
Lhauda tu ne po plu fare de la supina :
Ne t'ay-je pa trova lo ſecoyou que faut,
Tu vey au moin qu'u n'at ni tara ni deifaut,
Qu'en di-tu ? lovou-tu ? cyét ton avantageo.

LHAUDA.

Una filli n'ét pa deigouta en fruitageo,
V voley de ſon Pare i ſe remet toûjour,
De vo doncqua depen lo plu biau de mou jour.

PIERO.

Veiqui bien répondu , ét vo que je ſouhairto,
Volle-vo que per ley avecque vo je traitto ?

AMIDOR.

Ie n'attens que cela de voſtre volonté,
Tout mon eſpoir conſiſte en l'extrême bonté,
Dont vous me départez une grace infinie,
Diſpoſez des accords , & de leur harmonie.

PIERO.

Ne volo pa leiſſié ceu affare ſu pié,
Thono, vey me queri quoque grata-papié :
Convei mou paren, mou couſin, me couſine,
La Mathia ma ſerou , & veyſin & veiſine.
Deipachi-te, cour donq, vito, ne tarda pa,
Lou bon morceu ſont prey ſi-tot qu'u ſont coupa.

AMIDOR.

En nos adverſitez les graces ſont écloſes,
Ainſi l'on peut cueillir aux épines les roſes,

Nous embellirons toſt nos cheveux & nos mains
Au parterre d'Hymen , paradis des humains;
Car voicy le chemin de la rejoüiſſance,
A la fin l'un de l'autre aura la joüiſſance.

LHAUDA.

Malhiver à la fin ne pourrat pa dura,
E faudrat ben aprés avei prou endura,
Avei quoque bon tem , maque ſouque ne faille
Demoura deipoſa gueiro aprés le fiançaille.

PIERO.

Ah courageo , veicy lo Greſſié Babolin,
Heritié du papié de maitre Repelin.

BABOLIN.

Eicrivon, deipachan , faſſon valey la pluma
Afin que lo martel batte tot ſur l'encluma.

PIERO.

Aſſeton-no un po tandi qu'u l'eicrirat,
Parlon ba autramen u s'eichibuchirat,
Comme fit lo Balot dedin ſon eicritura,
Quand vindrat à parla de l'eipouſa futura.

THONO.

Ceu Monſieu Babolin , gro migeou d'alloyau,
A prey contra la Mort de grand lettre royau:
Lo veiqui releva de la foſſa cindrouſa,
Per fare enchavillé l'eipou aver l'eipouſa.
Dedin lo cementeiro où la Mort ſe norrit,
V n'at coucha qu'afin d'avei prou d'eſperit,
Aſſi, u l'ét ſçavan, & lo Paley l'empleye,
amey deſſou lo fey duz affare u ne pleye.
Eyet leu qui toujour fat emmatricula
Cellou qui de lour pa font chacun recula.
Eyet leu qui dou ſou ſur chaque procés deime,

Et qu'ét mieu empreſſa qu'un aſno de vendeime.
Eyet leu qu'at bailla lo conſei à Caillat
De teni ſou papié & ſon vin à foillat.
A Rivoyri lo clerc, qui chacun eipelaille,
De ſe couchié de jour comme font le polaille.
Et à prou de truande à ſe mettr'à cacher,
De pou qu'on le contreigne à paſſa lo guichet
Du Conven de Madama, ou gnat ren que chabuclo.
Mais n'at tes pa biau na per porta de beruclo;
Et dez aureille avoey per porta de pendan,
Se deu mouſtache vont montan & deicendan,
L'una contra lo cié, l'autra contra la terra.
V bet comm'un carron en deipit de la guerra.
Se den comm'un ratel ſont toute deicharney.
V fat ſa proviſion toute le matiney
De bon fromageo gra de la Dana Bureiri
Qu'u vat toûjour chougnan de charreiri en charreiri
Lo na din ſon mantel, comme louz eicolié,
Qui comme lou mulet porton lour ratelié.
V ne chante jamey avecque ſa camuſa
Quand ben ſon vente ét plen comm'una cornamuſa.
Quoquefey quand u l'ét ſur ley bien appoya,
Pette comm'un roſſin qui monte à la poya.
Enfin chacun ſçat prou qu'en tout u l'ét abila,
Et qu'en ſon corp u n'at que la quoa de deibila.

Contrat de Mariage, reçeu par Maiſtre Babolin.

A V nom de Pan, Dieu de nos bois,
Sçachent tous les joüeurs d'aubois,

De flajolets & de mufettes,
Qu'aux lieux garnis de violettes,
Amour, des Bergers feul vainqueur,
A fi bien niché dans le cœur
De ces Amans, qu'on leur prepare
(Afin que rien ne les fepare)
La prefente conjonction,
Pour la multiplication
Du genre humain, puifque leur âge
Eft propre pour le Mariage.
C'eft pourquoy en ce joli mois,
L'an mille fix cens trente-trois,
Et le huitiéme des Kalendes,
Que de l'Arcadie les bandes
Ne font pas toutes au molin :
Pardevant moy Iean Babolin,
Du lieu de Coblavit Notaire,
Tabellion hereditaire,
A la forme que font plufieurs,
En prefence de vous, Meffieurs,
Qui prenez tout ce qu'on vous donne,
Se font eftablis en perfonne.
Le gentil Berger Amidor,
Dont l'âge tient du fiecle d'or :
Et Lhauda, Bergere adorable,
Dont la beauté incomparable
Donne le Printemps aux coupeaux,
Lefquels pour joindre leurs troupeaux :
De l'avis des Parties contentes,
Pere, mere, oncles & tantes
Refpectivement ont promis
Au confpect de tous leurs amis,

S'épouser l'un l'autre au Temple
Du Dieu Hymen qui les contemple,
A la requeste du premier
Qui sentira comme un limier
La venaison, à peine d'estre
Indignes de la main du Prestre,
Despens, dommages, interests,
Suivant les Status des Forests.
Et parce que c'est la coutume
Auparavant que l'on consume
Les Mariages, de doter
Les filles, pour mieux supporter
Les charges d'un nouveau ménage,
Tandis que l'un sur l'autre nage :
Se constitue meurement,
Et du tout volontairement,
Piero pere de la Bergere,
Laboureur, voisin de l'Izere,
Qui pour rendre ce couple tel,
Que jadis le couple immortel
Estoit auparavant le crime,
Donne à sa fille legitime
Vn verger dont les arbres verds
Ne craignent jamais les hyvers :
Et auquel, quoy que l'Esté tonne
N'y a que Printemps & qu'Automne,
Environné de ses ruisseaux,
Et peuplé d'un million d'oyseaux :
Contenant une belle treille,
Sous laquelle Baccus sommeille.
Vn poirier qui jaunit son fruit,
Comme l'œil contraire à la nuit.

Vn pommier chargé de ſes pommes,
Dont les femmes tentent les hommes,
Vn cerizier qui fait des vers
Plus que Poëte en l'Vnivers.
Vn bon griottier pour la fiévre
De ceux qui ont la peur d'un liévre.
Et un prunier , qui les tailleurs
Rafraichit au mois des chaleurs,
Avec ſes autres contenances,
Vrais confins & appartenances,
A la charge que le cocu
Levant ſur ces arbres le cu,
Ne chante point , à cauſe d'elle,
Le déplaiſir de ſon fidelle.
Item , en contemplation
De leur propre conjonction,
Thievena , bonne menagere,
Mere de ladite Bergere,
Lui donne un lit couvert de fleurs,
Pour y eſteindre ſes chaleurs :
A la charge que bien appriſe,
Elle n'y laſche point ſa priſe.
Item , ſa tante qui ſouvent
Souffle mieux du cu que le vent,
Luy donne un four pour ſon uſage,
A la charge qu'en ſon ménage
Elle mette bien le levain,
Et ne petriſſe point en vain.
Item, l'épouſée future,
Suivant les loix de la nature,
Se cobſtituë ſes moutons,
Sa bouche, ſes yeux, ſes tetons,

G iiij

Et ce qu’ell’a deſſous ſa cotte,
Que pour ſupplement de ſa dotte
Elle exhibera dans la nuit
Que l’un à l’autre doit ſans bruit
Tirer quelques coups d’eſtocade,
Pour enfoncer la barricade.
Item, ledit futur époux,
Pour mourir entre deux genoux,
Et rendre ſon ame aſſouvie
Au lieu où chacun prend la vie,
Se conſtituë tous ſes biens,
Autant pour luy, que pour les ſiens,
A la forme de l’Inventaire
Fait ci-devant par moi Notaire.
Item, outre un de ſes boyaux,
Donne à l’épouſe pour joyaux,
Deux perles en rondeur égales :
Et pour ſes robes nuptiales
Cent florins, qui croîtront l’amas
Du Marchand Roſſeau Iean Thomas.
Item, en cas qu’il leur arrive,
Qu’ell’en ce monde le ſurvive,
L’époux luy donne pour augment
Tout ce qu’il a par teſtament
De ſon pere, qui l’onde noire
A paſſé, pour n’avoir ſçeu boire,
Avec cinq cens écus d’or ſol,
Plus charmans qu’u re mi fa ſol.
Item, en cas qu’elle decede
Avant celuy qui la poſſede,
Du paternel conſentement,
Elle luy donne pour augment.

Deux cens cinquante écus de France,
A prendre pour toute asseurance
Au pré de Mollinet, où sont
Payez ceux qui les belles ont.
Lequel augment aprés la vie
Du possesseur de la survie,
A leurs enfans appartiendra.
Et cas avenant qu'il faudra
Restituer ladite dote,
Ainsi que l'Ordonnance note
A faute de production
Du fruit de leur conjonction,
Les parens d'elle aprés l'obseque,
Comme premiers en hypotheque,
S'en pourront saisir sans excez,
Et sans figure de procez.
Promettans toutes les Parties,
Du droit deüement averties,
Avoir ce qui est contenu
Au present contrat, soutenu
Par moy Notaire veritable,
Fort agreable, ferme & stable,
Tant à present qu'à l'avenir,
Et jamais n'y contrevenir :
Sont toutes clauses necessaires,
Renonçons à tous droits contraires.
Soumettans pour ce leurs brebis,
Et le dessout de leurs habits,
A toutes Cours, hormis à celle
Des Grippeminos qui chancelle,
Obligeans enfin leurs beaux corps
A tous les amoureux accords,

Et à la prison d'une couche,
Pour y mette bouche sur bouche.
Fait & publié dans ce lieu,
De ce monde le vray milieu,
Presens Thono de la Gonnelle,
Et Loren de la Pyronnelle,
Témoins appellez & requis,
Lesquels n'ont sçeu signer, requis,
Ny les Parties qu'on void rire,
Parce qu'ils ne sçavent écrire :
Ainsi vous, à ce que j'ay fait,
Promettez la foy à l'effet.

LHAUDA.

Pare-vole-vo ben que lo papié je tocho ?

PIERO.

Oey, bouta, tochi-lo, vi toujour sen reprocho.

LHAUDA.

Mare vo plairat-to que je tireiso avan ?

THIEVENA.

Ie voudrin per iquen vey leva ton devan.

MATHIA.

C'à c'à à la dragea, à la pilly, Comare,
Lou pereizou icy trovon le figue amare.

JANIN.

Le fiançaille sont feite, y donnon la dragea,
Comm'un desespera j'en devono enragea.
En mon ma je n'auray jamey point d'allegenci,
Sinon que mon siblet en fasse la vengenci.

PIERO.

Ie danso de pleisi de veire tout cecy,
Lo cour me rit de vey tout saura per icy ?

Et je creyo qu'iſſon devine qu'à le nopce
Prou de bon mouchillon voyantaron me boſſe.

THIEVENA.

De la joey que j'en ay lon me vet larima.

MATHIA.

De danſié tant à cop lo ventre me fat ma.

PERNETTA.

Ah! je n'en povo plu, cetta danſe meitripe,
Ie ſeu deſſu lo point de voyanta me tripe.

THONO.

Outon-no tou d'icy, je ſeu tou eigruiſia
De ceu ronſié où j'ay maugra-mi trop danſia.

JANIN.

De ragi, de deipit j'ai lo cervel tout troublo,
Veyant que je n'ay point fat de ma à ceu coblo,
Vo n'eſtes pa inco eichapa de me man,
Iamey viribroquin ne pertuiſit diaman,
Inſi vo ne porri paſſa per la ſarailli
La cla, vo ne fari queigruiſié la murailli.
Celley n'ét ren d'avei danſia lo moſtachin,
Je vo farey haï comme lou chiet & chin.
Voſtre careſſe un jour ne ſaron que querelle,
Quand je devrin tiré d'Enfer le ſauterelle.

CHANSON.

Aprés un Baccus & Cerés,
L'Amour eſt la meillou pidanſi:
Chacun dit per ſon interets
Qu'aprés la panſi vin la danſi:
A jeun lon ne pot badina,
Vive l'amour aprés dina.

¶ Sen cellou dou bon norriffié
Lez amour ne farion qu'Idole ;
Ne fe nourri que de beifié,
Tout auffi-to lo cou pendole :
A jeun lon ne pot badina,
Vive l'amour aprés dina.

	¶ Toute le plu chaudes amour
Ialarion comme pata reida,
Si tant folamen per un jour
La cuifina deveniet freida :
A jeun lon ne pot badina,
Vive l'amour aprés dina.

	¶ Amour en fariet triomphan
Si ceu coblo ne lui aidave,
L'amoirou maudiriet l'efan
Si d'un po de fam u badave.
A jeun lon ne pot badina,
Vive l'amour aprés dina.

	¶ La Muzetta ne pot chanta
S'y n'ét plena jufqu'à la gorgi :
Infi l'amour eft enchanta
Si gnat deque fouffla la forgi.
A jeun lon ne pot badina,
Vive l'amour aprés dina.

	¶ Lo mariageo devin creitin
Si gnat deque coiffié la tabla,
Veiqui perque lo mondo tin
Perchoufa la plu veritabla,
Qu'a jeun lon ne pot badina,
Vive l'amour aprés dina.

ACTE QUATRIEME.
SCENE PREMIERE.
AMIDOR. PIERO.

AMIDOR.

ENfin le Dieu Hymen, efpoir des amoureux,
Tient mon cœur dans les nœuds, mais fon miel favoureux
  favoureux
Eft encor à gouter, Soleil que ta lumiere
Me va faire l'amour, car je vois ta paupiere
Ouverte pour long-tems: mais quoique tu fois beau,
Que tu faffe cacher les ombres au tombeau,
Et que tu rendes l'air ferain jufqu'à la terre,
Pour voir noftre feftin au milieu d'un parterre.
Si tu ne vas toft rafraichir dans la mer,
Je croiray que ça bas (où tu ne dois aimer)
Ton ardeur n'eft qu'un feu d'extrême jaloufie.
Ah! tu trouv'en ce lieu plus qu'au ciel d'ambroifie:
Ton char eft arrefté. Pretens-tu de voir l'œil
De celle que je tiens pour le plus beau Soleil?
Si tu defires voir qui de vous eft plus blonde,
Sçache que tu l'es moins, & te cache dans l'onde.
Et fi de fes faveurs tu attens la douceur,
Tu dois apprendre auffi que j'en fuis poffeffeur:
Toutefois fi tu veux en emporter quelque aife,
Ie permets feulement que ton rayon la baife.
Mais auffi toft que dans ces baifers innocens
Tu auras moiffonné le miel avec l'encens,
Retranche ton amour, & ta courfe importune:
Va baifer ta Daphné au Palais de Neptune.
Cours aprés ta fuyarde, & me laiffe joüir
Du plaifir que le Ciel ne doit voir ni oüir.

Ie ne puis souhaiter plus rien que ton absence :
Car je ne puis souffrir des Astres la presence,
Ni moins pour compagnon le plus puissant des
          Dieux.
Ie ne veux pour témoin qu'amour qui n'a point
          d'yeux.
O quel contentement reçois je de mon ame!
De voir qu'amour est prest d'obeïr à ma flame :
Se peut-il exprimer un plaisir si parfait,
Que celui qui m'attend au lit que l'on me fait ?
Non, car les courtisans en seroient incapables !
Les Bergers seront donc punis comme coupables,
Qui oseront compter nos baisers de Nectar.
Mais nuit, ô douce nuit, tu ne viendras que tard,
Tu devrois te haster d'enyvrer de tes charmes
Les esprits pour me voir dans tes douces alarmes,
Puisque tu ne pretends autre gloire ça-bas.
Viens donc favoriser mes amoureux combats
Tout present, hors la nuit celebre cette feste.
Ie n'entens que concerts des oyseaux sur ma teste,
Que flajolets, qu'aubois, & que doux chalumeaux,
Les chemins sont ornez de fleurs & de rameaux,
Pour honorer les pas de ma belle conjointe :
La voicy, car j'entens la voix d'Orphée jointe
A celle des violons : ô Dieux que je me sens
Emporter doucement aux plaisirs ravissans.

PIERO.

Que mon cour ér joyou d'oüi cettez aubade,
Et de ce que per vey l'espousa tout s'abade.
Su donq fillatto allon, sen gueiro pavana,
Fare court'orcison, per fare long dina.

ACTE CINQVIEME.
SCENE SECONDE.
LE CVISINIER.

Ego doctissimus, témoin noſtre voiſine,
C'eſt à dire Meſſieurs, qu'en l'art de la cuiſine
Ie ſuis des mieux expers, car dés que le berceau
M'a relaſché, je ſçay ce qu'eſt un bon morceau.
Ie ſçay tres-bien donner le gouſt à toutes viandes,
Les lardons au paſté ſont bons pour les friandes,
Aux femmes l'atteler eſt un peu trop petit,
Vne langue de bœuf leur donne l'appetit.
Les cervelats ſont bons pour les plus degoutées,
Toutes ſauſſes, pourveu qu'elles ſoient appreſtées
Au beurre frais, avec le jus de deux citrons,
Rendent tous les eſprits aux femmes des poltrons,
Auſſi-toſt que je vois une femme malade,
Ie lui donne un renfort avec l'huile en ſalade.
Ie vens de tres bon vin, je donne de bonn'eau.
Ie perce pour ma ſoif le plus joli tonneau.
Et quand je tiens de nuit la bouteille vermeille,
Ie la baiſe ſix fois avant que je ſommeille :
Ell'eſt toute pour moy cependant que je bois :
Car pour me contenter juſqu'au dernier abois,
Elle leve cul, elle baiſſe la teſte,
Quand je bouche ſon trou, c'eſt ma plus gráde feſte.
Suis-je pas plus heureux que le Roy Guillemeau,
Puis qu'aprés le repas j'ente bien le rameau
Qu'un cerf a ſur le front, ſur les plus dures teſtes
Si l'on le pouvoit vóir, l'on ne verroit que beſtes,
Soit chez le courtiſan, ſoit parmy le gavoſt,
La vie que je tiens ne craint point le Prevoſt,

Ie laisse le debat aux Plaideurs volontaires,
La peine aux Procureurs, le remors aux Notaires,
L'estude aux Avocats, la peur aux Tresoriers,
L'avarice aux Marchands, la rage aux Vsuriers,
Le soin & le souci aux gens de la Police,
La médisance aux Clercs, aux Pages la malice,
L'insolence aux Laquais, l'envie aux Courtisans,
Et les larmes enfin aux pauvres Artisans.
Qu'on saccage les bourgs, qu'on pille les villages,
Qu'on ravisse aux assauts cent mille pucelages,
Qu'on raze Montmeillan, qu'on chasse l'Espagnol,
Que Casal soit privé du chant du rossignol,
Que toute l'Italie aujourd'huy s'associe
A tous nos ennemis, d'eux je ne me soucie ;
Pourveu qu'en ce païs, & lieux circonvoisins,
La tempeste ne fasse un affront aux raisins,
Et pourveu que la paix tienne icy son empire,
Ce n'est qu'au doux repos que mon desir aspire.
Ie n'aime que le bruit des verres & des pots.
Ie n'aime point oüir parler de tant d'impots,
Ni de tant de procez que le Palais embrasse.
I'aime mieux sans plaider plumer la poule grasse.
I'aime mieux le parfum d'un festin nuptial,
Que le plus verd laurier d'un exploit martial.
Mon humeur se plait bien à voir tourner la broche,
Mon appareil ne craint censure ni reproche.
Voila pourquoy ceux qui d'un superbe repas,
Veulent flairer l'odeur & savourer l'apas,
Me prient d'appetit, avec l'eau en la bouche,
De leur fournir de mets, & du jus de la souche.
Ie suis donc dãs l'emploi d'un festin dont les Cieux,
Odoreront le goust des plats delicieux,

Et.

Et auquel ces Bergers, aprés leur saint homage,
Oublieront l'ennuy du beurre & du fromage.
Ie les veux bien traiter , afin que mon renom
Ensevelisse tost de Payerne le nom.
Cependant *valete vos* , cela signifie,
Qu'à vos commandemens mon cœur se sacrifie.

ACTE CINQVIEME.
SCENE TROISIEME.
IAPPETTA. THONO. LE CVISINIER.
LOREN. AMIDOR. PIERO. THIEVENA.
PERNETTA. CHAMBET.
IAPPETTA.

COmmençon d'eitrena l'eipousa ,' bonne gen,
Dieu gardey cettou plat de le man du Sergen.
THONO.

E ventariet mieu vey cent chin à la cuisina,
Qu'un Sergen ou Recor avecque son oussina,
Perce que lou Sergen qui se payon de tout,
Qui forrageon lou plat , & lez eicuell'atout,
Comme cura-bufet, lou gageon, louz emporton,
Mais lou chin ne lou font que lichié,& pui sorton.
IAPPETTA.

T'a raison , é vaut mieu donna u chin de pan,
Et jita d'aigu' u groin de talouz arrapan.
LE CVISINIER.

Brusquet, croque lardon, à la viande, à la viande.
Canailles , faites donc ce que je vous commande.
Vertubleu qu'est cecy ? me connoissez-vous pas,
Sçavez-vous pas qu'il faut estre prompt au repas :
Ie vous feray courir : sus donc que l'on m'apporte
Les plats bien ordonnez,ou qu'on passe la porte.

H

Allons donc, donnez.moy ce plat de pigeonnaux ?
Laiſſez les ourtolans pour des petits moineaux
A Guigues de la Cloche:hâtez-vous ſans deſordre,
Parce que ces Bergers ont envie de mordre.
Apportez ce jambon, ce levreau, ce poulet,
Ce membre de mouton couvert de ſerpolet :
Ce plat de ſauſſiſſons pour la belle épouſée,
Et pour le jeune époux cette ſauſſe épiſſée.
Et penſez au deſſert, car je les veux traitter
Selon leur qualité. Ah ! qu'il fait bon gouter
De ce morceau friand, je voudrois que mon pouce
Fut toujours au dedans d'une ſauſſe ſi douce.

LOREN.

Lavon-no tou le man, hauta, tout d'un accord,
Donnon la joey à l'arma, & lo profit u corp.

THONO.

D'eyga, d'eyga, meyna, verſa deſſu le plaute
De Monſieu Babolin, que vou confla ſe jaute.

AMIDOR.

Prenons d'eau ma Bergere, & parmi le repas,
Venez entretenir mes yeux de vos appas:

PIERO.

S'aſſetay qui voudrat, je vœy prendre ma placi,
Et ſtippa comme ſi je venin de la chaſſi.

THIEVENA.

Eyet prou deviſa vene voz aſſeta,
Voz auri enca not ley ſi de jacqueta.

IAPPETTA.

Tandi qu'on filarat la rita la plu prima,
E faut l'eipou u pied, & l'eipouſa à la cima.

PERNETTA.

Commençon de branda lo menton & le den,

Comme si noz estion jalla de ver deden.

LOREN.

Ie voey eicrapiouna cetta bonna polalli.

THONO.

Et mi je voey bocca tout ore cetta jalli.

LOREN.

Eicœisson tout, comme farat din lou lensieu
L'eipou, quand u mettrat ton faret u crusieu.

THONO.

Lhauda, quand tu vertes approchié lo gendarma,
S'u l'ét bon Chivalié ne cria ren alarma.

LOREN.

Quand u voudrat tirié un cop de pistolet,
Per gagnié lo combat, saisi-lo u colet.

IAPPETTA.

Sça-tu que tu fares, ne di mot, fa la morta,
Quand quoqu'un per intra chaplarat à la porta.

THONO.

S'u l'intre verchié ti, leissi-lo deiconfla.

LOREN.

Ne te rend que quand tu ne porres plu soufla.

IAPPETTA.

Afin qu'u se souvene un jour de cetta festa,
Deifen-te contra leu & de cu & de testa.

THONO.

Si tu lo po teni, sen gueiro demoura,
Per mieu rire fay-lo toutta la not ploura.

LOREN.

Quand tu commensires quoque po de lo prendre,
Garda de lo lachié qu'u ne se volle rendre.

IAPPETTA.

V ne se rendrat ren tant u l'ét aragnou,

Que du folatamen u ne fet vergognou.
            THONO.
Vn arc ne po pa tant benda qu'u ne deibende,
Quand u n'en pourrat plu faudrat ben qu'u se rende.
            LOREN.
Inco qu'u se sarat rendu , tu n'aures pa
Lo lachat, qu'u voudrat tourna mey t'arrapa.
            IAPPETTA.
Repouffa lo toujour per avei l'avantageo,
Vna bonna rutia te ballirat courageo.
            PERNETTA.
Vo luy faites vergogni , alla-vo promena,
Laiffié l'eita maclat , eyet prou jafonna.
            PIERO.
Laiffié lou rejoüi ma comare Pernetta.
            PERNETTA.
I'amarin mey oüi quoque brava fornetta.
            CHAMBET.
Ce l'eipoufa joint ben le lore quand y bet.
            PIERO.
Ha, ha, voz efte iqui, d'où vene vo Chambet ?
            CHAMBET.
Du Sapey où toujour plot, ou neit, ou nivole,
Et vœy chié Monfeignou deibita me raviole.
            PIERO.
Coman aves-vo fçeu que cey-at un banquet ?
            CHAMBET.
Le gen de perquiamon n'en font autro caquet.
            THONO.
Tout lo mondo fçat prou, que l'eipou à l'eipoufa
Vat tirié d'un billard tout dret din la beloufa.

CHAMBET.

Ah! chietta voz alla choqua lo muresson,
Et vo far'encanot d'una lanci un tronson.

IAPPETTA.

Pot-estre quoqu'envei din vostron cour s'eilance?

CHAMBET.

Si j'avin tant d'eicu, que j'ay rompu la lance,
Ma Thoni portariet la rauba de dama :
Si je dio lo vray , ne m'en voles pa ma.
Ie sçavo comme faut piqua una montura,
Quand je curo la bagua , ét una chosa seura,
Qu'eill'ét preisa aussi-to que je seu à chivat :
Ma Thoni sçat si ben me porta quand y vat,
Que sen gueiro trotta, comme ley je m'alleigeo,
Eilli sçat mieu ginga qu'un chivat de maneigeo.

LOREN.

Voz estes à chivat disposa comm'un fagot.

CHAMBET.

Preita-me solamen l'eipousa cetta not.
Si je ne la fœy ben galloppa , croi de pailli,
Ie ne volo jamey avei denié ni mailli,
Si per vo fare vey deman ce que je seu,
Ie ne couro aver ley douze poste mezeu ;
Et si deman y n'ét la meita plu joyousa,
Ie volo avei lo groin emplatra d'una bouza.

IAPPETTA.

Vo n'avez que de bet, voz est'un chau lancié,
Vo ne povez plu ren fare que carcassié.

CHAMBET.

Ie ne carcasso pa comme ti, vieilli soiri,
Vieu bacon, qui n'at plu lo got de la sarmoiri,

Vieilli sempiternella, & plu deigoumina,
Qu'at quatro dey delore , & demy pied de na :
Vicu courbat, peicharet, vieu chavan, vieilli grola,
Vieilli qui fat u mondo eujourdeu sa revola.

Iappetta.

Vay, vay, vieu enrena, vieu gambio, vieu toursit,
Tu ne pot plu souffla comm'un chivat poussit.

Thievena.

Ne vo reprochié ren, ne vo ditte plu rosse,
Si l'un vat u baton, l'autro vat à le crosse.

Chambet.

Ie seu comme lou pour, ma verdou ne flêchit,
I'ay la quoa verd' inco que ma barba blanchit.
Me veyci aussi prest à secourre la bolli,
Qui à la bouchari ne charche que virolli,
Que j'estin quand j'avin me premeire chalou.
L'on ne me sçauriet donq fare plu grand doulou,
Que quand on dit que j'ai perdu toutta poissanci.

Thievena.

N'y penson plu, parlon de la réjoüissanci.

Piero.

Bevon à la santa tout ore de l'eipou,
Et leisson de mori u plu richo la pou.

Chambet.

De vin, de vin, meyna à vostra bonna graci,
Ie m'en vœy, lo bon Dieu me gardey de deigraci.

Pernetta.

Adieu vo coman donq, mais faites-no sçavey
Bien-to vostro retour ; adieu jusqu'u revey.

Chambet.

Me veyci de retour per porta la novella
A cetta compagni , que je la manqui bella

Quand je me marij : car vollan maneyé
Ma Thoni , din un rut je penſi me neyé ;
Ie tombi à bochou , tanto je virolliavo
Dedin un virolliet , tanto je gabolliavo
V fon de l'eiga , inco que je ſçavin nagié.
I ne ſeu pa ſoulet qu'at couru ceu dangié,
Gnat prou d'autro trompa à celleu pa d'eicola,
Qui trovon un grot rut u lieu d'una rigola.
I'en cogneuſſo que trop, qui à lour arriva
Ont trouva lo pertu de l'eiga ſi chava,
Que ſi-to qu'u l'eſtion uprés de le baragne,
V l'enfondravon tout u mey de diu montagna.
Tau penſe quoque fey(comme j'ay recontra)
D'eſtre ben appoya , qu'ét trompa à l'intra.
Tau penſe de ſa fena avey lo pucelageo,
Que ne fat que glatia le ſoure du villageo :
Car tala que l'on cret n'avey fat lo trantran,
E't cella qui at mey vana caramentran.
Eyet mey de banu , que non pa de cocoare,
Qui en pot eichapa é fils de bonna mare.
L'home ne ſe det fia(inco qu'u l'en ſet foa)
A la beſti qui at dou pertu ſou la quoa.
E gnat poin de Fiat u Pater de le fene,
La fena(commu'un char)s'y n'ét greyſia i rene ;
On n'en pot pa joüi, ni moin la fare alla,
Ni chara , ni peta , ni couſe , ni fila :
Inſi toute le gen d'una granda perrochi,
Ne povon ſen battey fare ſonna la clochi.
L'on ne pot fare alia ſen rama lo batel.
Vna gueina de cur ne vaut ren ſen cotel.
Ni mortié ſen piſon, ni oula ſen culleiri,
Ni ſarrailli ſen cla , ni ſauma ſen baſteiri.

H iiij

La fena ne vaut ren (comm'un póy fen poifou)
S'y n'ét ben frequenta , & s'y n'ét à fon fou
Eitreilla du bafton qui porte medecina :
I n'at bon tem que quand eilli fin cellofina.
I'u fçavo de ma Thoni , à qui un ravioulié
Plait mieu qu'un gro bouquet de rofe ou de violié:
Veiqui perqu'y fe tin u gouft de le raviola,
Comm'un borlio u bafton, ou u fon de fa viola.
Veye-vo ben l'eipoufa , eilli m'at la faffon,
De fare perdr'à leu l'eitrieu & louz arfon :
Car toutta reverdia , eill'ét de la vray tailli
De celle qu'ont toujour victoeiri en batailli.
Poeiffe-ti longimen , & toutta la trabla,
Vey reculli en pay l'abondanci du bla :
Cependan je vo laiffo à la tabla per gageo,
Et m'en voey gambettan achevi mon voyageo.

I A P P E T T A.

Ah!lo faut vilanat , u fat ben lo coquar,
Per avei la piftolla u vat baillié lo quar.

P E R N E T T A.

V s'en vat plu joyou qu'un uzel qui s'abade,
Tandi que no trovon cette viande ben fade.

L E C U I S I N I E R.

Ces drolles de Bergers n'ont pas la rampe aux dens,
Aucun d'eux ne parie ici pour les perdans :
Croyez qu'il ne faut pas qu'un Maitre de la forge,
Pour les faire manger les faigne dans la gorge.
Vertubleu qu'ils font bien, voyez ces dégoutez,
L'on diroit à les voir frapper de tous côtez,
Que ce font des foldats à la petite guerre :
Ce font les plus vaillans combattans de la terre.

Car ils tirent tous bien de prés à l'ennemi :
Il ne fait pas bon estre auprés d'eux endormi :
Car leurs habiles mains decoiffent bien la table.
Tout est pris, je ne vois plus rien de souhaitable.
Hola hey ! au dessert , ne perdons point le temps,
Découvrons dans ces plats le tresor du Printemps :
Dépêche donc Brusquet, la soif me desespere,
Voicy qui est fort bon pour le fils de mon pere.

IAPPETTA.

Coman ceu Cuisinié tarisle ceu platel.

PERNETTA.

Per couppa sou boucon luy faut point de cotel.

IAPPETTA.

S'y at un bon morcel , u passe din lour goula.

PERNETTA.

V l'eicumon lou plat , & le servente l'oula.

THONO.

Cecy ét prou migea, eyet tem de dansié,
e veyo que l'eipou at coita de pissié.
Meneitrié mouz ami, touchié-me un biau brando,
Et per pizié louz aüil que je vo lo demando :
Tochié-me ceu qu'endort l'esperit & la chair,
Que Gilibert a fat u bœy de Buchicher.
Lhauda, vin-cey dansié , attendan que te faille
are l'ouvra , de pou que lo mondo deifaille.

PIERO.

llon-noz eibaudi ore que no som sou,
t leisson deimena cetto jœino dansou.

THONO.

Cela dansi qu'on vire, à perpo una volta,
qui de pou de chey l'on fat la virivolta.

PERNETTA

L'on emporte l'eipousa , eyet tout u pillageo :
Adieu baton de rosa , adieu biau pucelageo :
Ie ne te plegno ren , car se faut sempellié,
Quand la noin ét ben cergni é la faut eichallié.
O que noltron eipousa ét ore ben de preisa,
I n'et pa ren marria d'avey eita surpreisa :
Prou de fille voudrion estr'à son passamen,
I'en veyo qui d'envey soupiron grossamen.
Ie voudrin sen oüi tant bordonna l'avilli,
Que tout cellou pertu troviſſon lour chavilli.

ACTE CINQVIEME.

SCENE QVATRIEME.

JANIN.

SEu-je pa malheirou sur tou lou malheirou,
De vey qu'à mou desi tout ét si contreirou,
Que je ne seyo pa intra din la Chapella,
Quand noltron Chapelan, qu'at l'arma tortipella,
Eitachave sen corda un Mariageo subit :
Que le gen ayon mey de vervella en l'habit
De l'eipousa, de pou du nou de l'arguilleta :
Qu'on faſſe à mou deipen de le flou la culletta.
Povo-je sen mori tant de mau avala,
Veire qu'un étrangié m'aye deicavala :
Qu'u l'aye lo pleisi, & mi ren que l'ombrageo :
La tristeſſa (laſſet) me jale lo courageo.
Hela , veicy lo tem que de mille baisié,
La Lhauda fat tomba le rosé du rosié :

Veicy l'hora qu'y tin din sa naffi la lotha,
Et que mon ennemi luy deibreye fa cota.
Quei-to que j'ay perdu ? mar j'eifartillarey
Lou jardin, & tout ce que je rencontraray,
Puis qu'en cetta contra, que je trovo fi laida,
Tout m'at viriat lo cu quand j'ai eu befoin d'aida.
Pelaillard du Thouvet, rougnou de Gonfelin.
Tacolié de Charneclo, épinglié de Tulin.
Eicharpi de Tenfin, nargou de Saint Haleyro.
Chambaru de Lancey, gobio de Saint Nazeyro.
Truan de la Terraffi, oyro de Monbonon.
Trolliandié de Doumena, enrena de Venon.
Aragnou de Lumbin, teitu de la Buiffeiri.
Tignou de Saint Martin, eigue morte de Geyri.
Renüillard de Moyren, peichou de Noyarey.
Glouriou de Saint Quentin, reneyou de Veurey.
Ventaire de Seifin, mocquou de Saffonageo.
Cocoare de Revel, opiniatro d'Euriageo.
Berlaude de Voreppo, orgueillou de Bernin.
Senfuë de Buvié, morgan de Fontanin.
Chaffou de Saint Humié, boutacié de ver Crole.
Mal avifa d'Eyben, fagotié d'Eychirole.
Fromagié de Chatroufa, & du Villard de Lan.
Canaille du Sapey, chicanou de Meylan.
Machura du Canton prés de l'eiga de Venci,
Qui alla mieu chargea qu'un Ano de Provenci.
Golu de Clai, pouffit de Varce & de Riffet.
Goitru de Vaunavey, mâtin de Parifet.
Arablo du paï qu'aborde la Romanchi,
Qui tenes la confcienci, & l'arma din la manchi.
Gippié du lieu de Champs, rachet de Mont-Eynard.
Picarnou de Saint Georgeo, eimurti de Sinar.

Gro Miron de la Mura , & de la Mateisina,
Qui chassié tou lou rat de la terra veisina,
Gro degou de Barrau haï du bigarra.
Bracamau d'Allevar , pourou de Ponchara.
Galabontem de Vif , gouttou de Saint Eygrevo.
Griffon de Montagnar qui vivés le renevo.
Creytin de Tavernole , & de tout l'aviron.
Vigneron de Vourey , coquatié de Voiron.
Coquan de Campagnié , qui n'ont ni pan ni pata.
Ladre de Saint Robert , & de la Buissarata.
Baconié de Iarria , poutagié du Versou.
Eicrussi du Bachet qui ne sont jamey sou.
Saquette de la Tronchi,& de tou ceu vignoblo.
Berlandié de la Grange,inconstant de Garnoblo.
Galliofe du paï que je n'ay pa nomma,
Voż estes de vauren qu'on devriet assomma :
Ne m'avei pa aida à fare de saccageo :
Vo ne merita pa d'intra din lou boccageo :
Car vo ne sçaves pa y garanda le flou :
Vo devria rogi d'honto , & palli de doulou,
Veire qu'un eitrangié aye , sen payé loqua,
De toute nostre noin prey la plu bella croqua.
Mais à qui parle je ? personna ne se chau,
Chacun se rejoüit , & mi je me tormento.
L'eiga rit ondeyan de ce que je gomento.
Lou jalabro, lou jay, lou merlo, lou gro pit,
Et lou petit grivet chanton mieu per deipit.
V devrion(comme rat quand u font lour cratole)
Se cachié , & leissié chantona le nietole,
Et lou tristo chavan , ore que fant passa
V paï de Darbon , comme lou trépassa.

Courageo, l'on verrat, ben tot me funeraille,
l'entende croaqua lou courbat & le graille.
Ah ! je veyo virié louz abro d'alentour,
La terra dessout mi fat un million de tour :
Ie veyo que lo Cié tombe dessu le roche.
Ie veyo que su mi la rochi se deiroche.
Que je veyo de gen que de l'air font tomba,
Comme d'eitell' u Cié tout tralut iqui ba.
Son-to d'Ange ? ou que font ? je veyo de visageo
Capablo d'arreita tout lo mondo u passageo :
Pa-moin gna point iqui d'alliqua , comme ceu
De la Lhauda de qui je feu lo mau receu.
Ah ! Lhauda,qu'a tu fat, de caufa tant de perta,
Ta vieutenanci rend certa terra deiferta,
Gnat ren plu que-d'eurtié, & que de ratabo,
Ore que t'a quitta lou mouton & lou bo :
Ie ne trovo plu ren à mon pa que d'arcoussa,
Ie ne finto plu ren que lo flat de la moussa.
Que fœy-je donq icy per dedin lou chardon,
Que fer-to de lachié de mouz eyu lo bondon.
Perqu'attendo-je tant de fare pereitrasse
De la petita via que mon gro corp embrasse.
N'ay-je pa la vigou d'alla m'enrochassié
V rochat où nengun ne pot alla chassié ;
Per feuta u fin fond d'un abimo effroyablo ?
Oey,oey, que je farei la fin d'un miserablo,
Ie grippilliray tant que j'y atteigniray,
Et que d'un deifola la via j'eiteigniray.
Courageo me veicy u bord du precipicio,
Me veicy tout à poin de fare facrificio
De mon corp u corbeau. Adieu mondo perver,
Mondo qu'at la confcienci & l'arma de traver.

Adieu maudit pai que l'Izera partage,
Coulan insi que fat la serpen din lez age.
Adieu gentil troupel, que j'ay ben perbocha.
Adieu Lhauda su qui un aze ét abocha.
Adieu à tour jamey volagi sen cervella,
Tu n'aures de ma mort ni de mon corp novella.

FIN.